［原案］　　　［英文］
桃戸ハル　　メディアビーコン

ミステリ仕掛けの英単語

JN051988

ミステリ仕掛けの英単語

HOW TO USE
†本書の使い方†

1 物語パート
▼

英語で書かれた物語。赤字は後の単語帳パートで取り上げる単語です。

10　*The Great Deduction* 🔊19

❶A woman visited an office. ❷She started talking. "I came here because I'm in some trouble…" ❸Then, a man sitting on a sofa and smoking a pipe **interrupted** her by saying, "Your accent tells me you are from Eastern Europe. ❹The clothing you're wearing is a brand sold only for 20-year-old women ten years ago, so this means you are thirty years old now. ❺Oh, your shoe soles have been worn out. ❻Well, you must have visited more than 10 European countries this year so far. ❼Of course, I can tell what you're having trouble with as well."

† deduction 推理 † office 事務所 † worn out すり減った
† more than ～以上 † so far 今までに † as well そのうえ

interrupt

物語では、事務所を訪れた女性が話し始めた場面で、a man sitting on a sofa and smoking a pipe interrupted her by saying … と続く。男は女性が話している途中で何かを言うことで、女性を interrupt した。つまり、女性の話を「さえぎった」のである。inter- は「間に」という意味の接頭辞、rupt は「破れる、壊れる」という語源をもち、interrupt は inter「間に」＋ rupt「壊れる」→「間に割って入る」、すなわち「さえぎる」という意味の動詞になる。

82

10　　🖋 華麗なる推理

❶一人の女性が、とある事務所を訪れた。

❷「ちょっと困ったことがあって、ここに来ました……」と彼女は話し始めた。

❸すると、ソファに座ってパイプをふかしていた男が女性をさえぎって言った。「あなたのアクセントからすると、あなたは東欧の出身だ。

❹あなたが着ているその服は、十年前、あるブランドが、二十歳の女性だけに販売したものだから、今あなたは三十歳ということになる。

❺おや、靴底がすり減っている。

❻そうですねえ、今年だけで十以上のヨーロッパの国々を訪れていますね。

❼もちろん私には、あなたの困りごともわかりますとも」

83

語源や文脈をヒントにして、物語に登場する単語の意味を推理する際の考え方を紹介しています。

物語を読む助けとなるよう、難しい単語や熟語の意味を掲載しています。

本書は「❶物語パート」と「❷単語帳パート」で構成されています。
まずはミステリな物語を読み、続いて物語に登場した英単語の意味や
使い方を詳しく学びましょう。

物語の日本語訳。丸数字の
番号は英語と日本語で対応
しています。

左ページの見出し語を含
む、ちょっとミステリな例
文です。アイコンは例文の
内容に関連しています（p.7
参照）。

❷
単語帳パート
▼

160	visit [vízit]　　🔍🔍🔍	動 〜を訪れる 名 訪問

例 The detective correctly deducted the cause of the painful incident without <u>visiting</u> the scene.
探偵は現場を訪れることなく、その痛ましい事件の原因を言い当ててみせた。

161	trouble [trʌ́bəl]　　🔍🔍🔍	名 困難, 面倒なこと 動 〜を困らせる

例 His boss told him not to get into <u>trouble</u>, but the young detective's curiosity couldn't be helped.
上司は面倒ごとに関わらないよう忠告したが、若い刑事の好奇心は止められなかった。

162	smoke [smóuk]　　🔍🔍🔍	動 （煙草など）を吸う 名 煙 関 No smoking. 禁煙

例 The detective <u>smoked</u> a cigar while wondering how the culprit could enter that room without anyone seeing him.
探偵は煙草を吸いながら、どうやって犯人は誰にも見られることなく部屋に侵入できたのかを考えた。

163	pipe [páip]　　🔍🔍	名 パイプ

例 "It is quite a three <u>pipe</u> problem," said the detective and he shut his eyes to consider things.
「パイプ三服分の問題だよ」探偵はそう告げると、じっくり考えるために目を閉じた。

164	accent [ǽksent]　　🔍🔍	名 アクセント, なまり 動 〜を強調する

例 One of the witnesses said that the suspect had a Tohoku <u>accent</u>.
証言者の一人は、容疑者に東北なまりがあったと話した。

165	clothing [klóuðiŋ]　　🔍🔍	名 服, 衣類

例 They found a tiny amount of bloodstains on the criminal's <u>clothing</u>, which became the decisive proof.
犯人の衣服から微量の血痕が見つかり、これが決定的な証拠となった。

166	wear [wéɚ]　　🔍🔍🔍	動 〜を着る 活 wear-wore-worn

例 The officer showed me a picture of a massive man <u>wearing</u> a black jacket and asked me if I knew him.
警官は黒いジャケットを着た大柄の男性の写真を見せ、この男を知らないかと尋ねた。

167	mean [míːn]　　🔍🔍🔍	動 〜を意味する 名 meaning 意味

例 Most of the stab wounds are concentrated on the right side of the body. This <u>means</u> the criminal is probably left-handed.
刺し傷は遺体の右側に集中していますよね。これは、犯人がおそらく左利きだということを意味しているんです。

168	sole [sóul]　　🔍🔍	名 底, 足の裏 関 shoe sole 靴底

例 No suspect's shoe <u>soles</u> matched the footprints left in the snow at the crime scene, so the case went unsolved.
犯行現場の雪に残された足跡はどの容疑者の靴底とも合致せず、事件は迷宮入りした。

物語に登場した英単語をピックアップ
し、日本語の意味や関連表現等を紹介。
🔍（虫眼鏡）の数は単語の重要度を表し
ています。

ミステリ仕掛けの英単語

CONTENTS

†目次†

ミステリ 01
A Perfect Crime
完全犯罪
010

ミステリ 02
Ghost Picture
心霊写真
018

ミステリ 03
The Job of a Driver
運転手の仕事
026

ミステリ 04
The Invaders
インベーダー
034

ミステリ 05
The Price of a Masterpiece
名画の値段
042

ミステリ 06
The Man who Saw Death
死を視る男
050

ミステリ 07
The Idle Husband
何もしない夫
058

ミステリ 08
The Invisible Man
透明人間
066

ミステリ 09
Unlucky Victim
運の悪い被害者
074

ミステリ 10
The Great Deduction
華麗なる推理
082

ミステリ 11
A Monster Appears in Tokyo
怪獣、東京に現る
090

ミステリ 12
The Cursing Pot
呪いの壺
100

ミステリ 13
The Robot Golfer
ロボゴルファー
108

ミステリ 14
Attack of the Aliens
エイリアンの襲来
116

ミステリ 15
30 years of Patience
三十年の我慢
124

ミステリ 16 *One-eyed Goblin*
一つ目小僧 132

ミステリ 17 *Police Investigation*
取り調べ 140

ミステリ 18 *The Secret of Longevity*
長寿の秘訣 148

ミステリ 19 *The Visitors from the Universe*
宇宙からの来訪者 156

ミステリ 20 *Reliable Boyfriend*
頼もしい彼氏 164

ミステリ 21 *A Wad of Bills*
札束 172

ミステリ 22 *Sports Extravaganza*
スポーツの祭典 180

ミステリ 23 *Attack of a Werewolf*
狼男の襲撃 190

ミステリ 24 *Beautiful Melody*
美しいメロディ 198

ミステリ 25 *A Brand-New Life*
新しい人生 206

ミステリ 26 *The First Date*
はじめてのデート 214

ミステリ 27 *Whereabouts of the Victims*
被害者たちの行方 222

ミステリ 28 *Zombies*
ゾンビ 230

ミステリ 29 *Anything You Want to Be*
なりたいもの 238

ミステリ 30 *The Memory of a Past-Past-Past Life*
前前前世の記憶 246

ミステリ 31 *Murder at the House of Wax*
蝋人形館殺人事件 254

ミステリ 32 *The Blind Spot of a Huge Company*
大企業の死角 262

ミステリへ 33	*The Whereabouts of a Child* 子どもの行方	270
ミステリへ 34	*Trojan Horse Murder Case* トロイの木馬殺人事件	280
ミステリへ 35	*The Mysterious Affair at the University Dorm* 大学寮の怪	288
ミステリへ 36	*Lose Some Weight* ダイエット	296
ミステリへ 37	*A Serialized Mystery Novel* 連載ミステリ小説	304
ミステリへ 38	*A Serialized Mystery Comic* 連載ミステリ漫画	312
ミステリへ 39	*Impersonation* なりすまし	320
ミステリへ 40	*The Mystery of the Broken Vase* 割れた花瓶の謎	328
ミステリへ 41	*The Power of Goodwill* 善意の力	336
ミステリへ 42	*The Kind Genie* 親切な魔神	344
ミステリへ 43	*A Choice of Fate* 運命の選択	352
ミステリへ 44	*The Mysterious Deliveries* 宅配便の謎	360

†特集† イラストでおぼえるミステリ英単語

❶ いろいろな職業	008
❷ 犯行現場の様子	098
❸ 探偵のひみつ道具	188
❹ 悪の組織のアジト	278

※本書の物語は、『5秒後に意外な結末　パンドラの赤い箱』『ミノタウロスの青い迷宮』『アポロンの黄色い太陽』（学研プラス）に基づいています。英訳にあたって、一部内容を加筆・修正したところがあります。なお、本書の物語や例文は、すべてフィクションです。実在の人物や事件、団体などとは関係ありません。

ミステリ仕掛けの英単語

EXPLANATORY NOTES

† 凡例 †

単語帳パート例文中の記号・アイコンは、次の内容を指します。

名 名詞　**動** 動詞　**形** 形容詞　**副** 副詞　**接** 接続詞　**前** 前置詞　**代** 代名詞

対 対義語　**類** 類似表現　**関** 関連表現　**複** 複数形　**略** 略語

 探偵　 刑事　 犯人等　 モンスター　 怪盗　事件・死体

 凶器　 お宝　 映画・小説等　 続き物　 会話・台詞　 その他

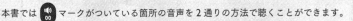

本書では 🔊 マークがついている箇所の音声を2通りの方法で聴くことができます。

❶ スマートフォンなどで聴く

右の QR コードをスマホなどで読み取るか、次の URL にアクセスしてアプリをダウンロードしてください。ダウンロード後、アプリを立ち上げて『ミステリ仕掛けの英単語』を選択すると、端末に音声がダウンロードされます。

https://gakken-ep.jp/extra/myotomo/

※ iPhone からのご利用には Apple ID、Android からのご利用には Google アカウントが必要です。アプリケーションは無料ですが、通信料は別途発生します。

❷ パソコンで聴く

上記の URL にアクセスし、ページ下方の【語学・検定】から『ミステリ仕掛けの英単語』を選択後、MP3 形式の音声ファイルをダウンロードしてください。

※ ダウンロードできるのは、圧縮された MP3 形式の音声ファイルです。再生するには、ファイルを解凍するソフトと、iTunes や Windows Media Player などの再生ソフトが必要です。

※お客様のスマートフォンやパソコン等の環境により音声をダウンロード・再生できない場合、当社は責任を負いかねます。ご理解、ご了承をいただきますよう、お願いいたします。

01　*A Perfect Crime*

01

❶No one would report a murder case unless they found the body. ❷A man buried a body in a bamboo forest located in the depths of the mountains where no one goes. ❸A few months later, the man started to have the same dream at night again and again. ❹It was a dream in which he was hanged on the gallows. ❺He was afraid that it might be a **prediction** of something. ❻Then he went back to the bamboo forest and dug up the ground. ❼However, the body was gone without a trace.

† crime 犯罪　† murder 殺人　† body 死体
† be located in ～に位置する　† gallows 絞首台　† trace 跡、痕跡

prediction

単語をバラバラに分解すると、その単語のもつ意味がわかりやすくイメージできる。prediction は、pre + dict + ion に分解して、その意味を推理してみよう。まず、動詞について行動や状態を表す名詞をつくる接尾辞 -ion があることから、名詞であることがわかる。この接尾辞を取り除いたかたち、つまり動詞 predict は、さらに pre + dict に分けるとわかりやすい。pre- は「あらかじめ、～以前の」という意味をもつ接頭辞だ。そして、dict はもとはラテン語で「話して教える」ことを意味する deik- を由来とする。これらのことからpredict は「あらかじめ話して教える」、すなわち「予言する、予測する」という意味であると導き出せる。さらに後ろに名詞化する接尾辞をつけ prediction とすると、「予言、予測」という意味になるのだ。

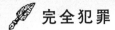

01　完全犯罪

❶死体が発見されない限り、殺人事件を通報する者はいない。

❷男は、誰も足を踏み入れることのない山の奥深くにある竹林に死体を埋めた。

❸数カ月後、男は夜に同じ夢を繰り返し見るようになった。

❹夢の中で彼は絞首台に吊るされていた。

❺何かを予言しているのかもしれない、と彼は怖くなった。

❻それから彼は竹林に戻り、地面を掘った。

❼しかし、死体は跡形もなく消えていた。

01

A Perfect Crime

❽ The man felt someone's unpleasant gaze on him, and turned his head **upward**. ❾ The empty eye sockets of a dead body hanging from a tall bamboo tree looked down on him. ❿ The man thought that the dead body was a sign of what his future would be.

† eye socket 眼窩　† look down on 〜を見下ろす　† sign 兆候、しるし

upward

物語には、「男は誰かの不快な視線を感じ、頭を upward に向けた」とある。upward は男がどこに頭を向けたのかを示している。up は「上」だ。では、-ward は何だろうか。この -ward は「方向」を表す接尾辞で up と結びつき、「上の方へ」という意味の副詞になる。似た成り立ちの単語に、downward「下の方へ」、afterward「その後」、homeward「家へ向かって」などがある。接尾辞 -ward の意味を押さえて、これらの単語をまとめて覚えてしまおう。

01 完全犯罪

❽男は誰かの不快な視線を感じ、頭を上に向けた。

❾背の高い竹に吊るされた死体の空っぽの眼窩が、彼を見下ろしていた。

❿男はその死体が自分の未来を示しているかのように思った。

001	**report** [rɪpɔ́ːʳt] 🔍🔍🔍	動 ～を通報する, ～を知らせる 名 報告
002	**case** [keɪs] 🔍🔍🔍	名 事件 関 murder case　殺人事件
003	**unless** [ənlés] 🔍🔍	接 ～でない限り
004	**bury** [béri] 🔍🔍	動 ～を埋める 活 bury - buried - buried
005	**bamboo** [bæmbúː] 🔍🔍	名 竹
006	**depth** [depθ] 🔍🔍	名 深さ, （複数形で）深いところ 形 deep　深い
007	**hang** [hæŋ] 🔍🔍	動 ～を吊るす 活 hang - hung - hung
008	**dig** [dɪg] 🔍🔍	動 掘る 活 dig - dug - dug
009	**ground** [graʊnd] 🔍🔍🔍	名 地面 関 ground floor〈英〉一階

例 There was an anonymous phone call <u>reporting</u> the whereabouts of a wanted fugitive.

逃亡中の指名手配犯の居場所を知らせる匿名の電話があった。

例 Many theft <u>cases</u>, where a gang of thieves broke into the houses of presidents of large companies, have been reported.

窃盗団が大企業の社長宅に侵入した窃盗事件が、数多く報告されている。

例 It is impossible to abduct the victim, <u>unless</u> the kidnapper is quite familiar with his habit of going out only at midnight.

真夜中にだけ外出するという被害者の生活習慣を誘拐犯が熟知していない限り、被害者を誘拐することは不可能です。

例 The man <u>buried</u> the knife used for the murder and bloody clothes in the mountains in order to dispose of the evidence.

証拠を隠滅するため、男は山に殺人に使ったナイフと血のついた衣服を埋めた。

例 You said that the criminal was a tall man like a model. But he was on <u>bamboo</u> stilts and actually a small man.

あなたは犯人はモデルのような長身の男性だとおっしゃっていましたね。しかし、犯人は竹馬に乗っていただけで、実は小男だったのです。

例 Rumors say that moaning is heard from the <u>depths</u> of an old well on the outskirts of the village.

噂によると、村外れにある古井戸の奥深くから、うめき声が聞こえてくるらしい。

例 The criminal placed a suicide note at the woman's feet in order to make it appear that she had <u>hung</u> herself.

彼女が自分で首を吊ったように見せかけるために、犯人は女性の足元に遺書を置いたのです。

例 A magician, who says he can foresee the future, has posted a movie on the Internet indicating where to <u>dig</u> to find gold.

自分は未来を見通せると語る奇術師が、掘れば金塊が見つかる場所を示す動画をインターネットに投稿した。

例 A scream was heard among the people gathered around to dig up the <u>ground</u>. They found the body of the magician buried there.

そのあたりに集まって地面を掘っていた人々のあいだから悲鳴が聞こえた。そこには、奇術師の死体が埋められていたのだ。

010	**someone** [sʌ́mwʌn] 🔍🔍🔍	代 誰か 類 somebody 誰か
011	**unpleasant** [ʌnplézənt] 🔍🔍	形 不快な 対 pleasant 愉快な
012	**gaze** [geɪz] 🔍🔍	名 視線, 注視 動 じっと見つめる
013	**turn** [təːˈn] 🔍🔍🔍	動 〜を向ける, 〜を回す 関 turn one's head 振り返る
014	**head** [hed] 🔍🔍🔍	名 頭
015	**upward** [ʌ́pwəˈd] 🔍🔍	副 上の方へ 対 downward 下の方へ
016	**empty** [émpti] 🔍🔍🔍	形 空の 動 〜を空にする
017	**dead** [ded] 🔍🔍🔍	形 死んでいる 動 die 死ぬ
018	**future** [fjúːtʃəˈ] 🔍🔍🔍	名 未来 関 past 過去

例 "Please, <u>someone</u> help me!" The guard rushed toward where the scream came from, but there was nobody there.

「誰か助けて！」警備員は急いで叫び声が聞こえた方へ駆けつけたが、そこには誰もいなかった。

例 Although I live on the top floor of the building, at night from above I hear an <u>unpleasant</u> sound of something being drug.

建物の最上階に住んでいるのに、夜になると上から何かを引きずるような不快な音が聞こえるんです。

例 On my way home from work, while I was walking alone in a dimly lit residential area, I sensed a <u>gaze</u> from behind me.

会社から家に帰る途中、薄暗い住宅街を一人で歩いていると、背後に視線を感じた。

例 When I <u>turned</u> my head nervously, I found a grinning man holding something like a crowbar in his hand.

恐る恐る振り返ると、バールのようなものを手に持った男がニヤニヤ笑っていた。

例 For some reason, the tactic of the serial killer was to put only the victims' <u>heads</u> into a freezer.

なぜか被害者の頭だけを冷凍庫に入れるのが、その連続殺人犯の手口だった。

例 A part of the floor was designed to be lifted <u>upward</u>, and beneath it there were hidden stairs to the basement.

その床は一部分が上の方へ持ち上げることができる仕掛けになっており、下には地下室への階段が隠されていた。

例 The crime lab revealed that a toxin was found on the mouth of an <u>empty</u> plastic bottle recovered at the scene.

現場で見つかった空のペットボトルの飲み口から毒が検出されたことを、科捜研が明らかにした。

例 A forgery painter was discovered <u>dead</u>. In his shabby unfurnished room, only a real painting by Picasso was found on the wall.

贋作絵師が死んでいるのが発見された。家具ひとつない粗末な部屋には、ただひとつ、本物のピカソの絵だけが壁にかかっていた。

例 The woman with exactly the same face as me said to me, "Hello. I am you from one year in the <u>future</u>."

私とまったく同じ顔の女は、「こんにちは。私は一年後の未来からきたあなたです」と言った。

02 *Ghost Picture*

03

❶During a house party, everyone there was frozen with fear from looking at a picture of themselves. ❷It depicted a man standing outside a window, <u>reproachfully</u> looking at them. ❸They decided to visit a well-known psychic living nearby to ask for advice. ❹However only Keiko decided not to go and to stay home, saying, "This is ridiculous, it looks that way just because of the light or something."

† house party ホームパーティ　† fear 恐怖　† outside ～の外に
† ask for ～を求める

reproachfully

写真には、「窓の外に立ち、reproachfully に彼らを見ている男」が写っていた。それを見た全員が「恐怖で凍りついた」とあることから、男は恐ろしい表情をしていたと推測できる。reproachfully には reproach という単語が含まれている。これは「恨み」という意味の名詞だ。そこに「満たされている」という意味の接尾辞 -ful がつくことで「恨みで満たされている」、つまり「恨めしい」という意味の形容詞となる。さらに -ly には形容詞を副詞化させる働きがある。したがって reproachfully は「恨めしそうに」という意味の副詞になるのだ。

❶ホームパーティの最中、自分たちを写した写真を見て、その場にいた全員が恐怖で凍りついた。

❷写真には窓の外に立ち、うらめしそうに彼らを見ている男が写っていた。

❸彼らは近所に住む有名な霊能者に助言をもらいに行くことを決めた。

❹しかし、ただ一人ケイコだけは「バカらしい、光の加減か何かでそう見えるだけでしょ」と言って、行かずに家に残ることにした。

02 *Ghost Picture*

❺Soon after the psychic took a glance at the photo, he **affirmed**, "No ghost can be seen in this photo. ❻I don't feel any spiritual presence from it at all." ❼"Then, what on earth appears in this photo? ❽This is neither lighting nor a reflection," they asked. ❾The psychic paused for a moment and said, "This is just a person, right? ❿Isn't he one of your friends?"

---

† soon after 〜するとすぐに　† at all 少しも〜ない　† on earth 一体
† neither A nor B AもBもどちらも〜でない
† reflection（鏡などに映った）影、反射

affirm

affirm の語源は、ラテン語で方向を表す接頭辞 ad-「〜に」と firmare「強める」が結びついた affirmare という語。「その方向へ強める」というイメージから、「ある意見や考えを確固とする」、つまり「〜を断言する」という意味を表す。ad- という接頭辞は興味深いことに、くっつく語によってその形を変える。affirm と同様に、ad- が形を変え af- となった単語の例としては、affection「愛情」などが挙げられる。

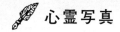 心霊写真

❺霊能者は、写真を一瞥するなり断言した。「この写真には、霊なんか写っていないよ。

❻ここからは、霊的な存在はまったく感じられないからね」

❼「じゃあ、この写真に写っているものは一体何なんですか？

❽照明でも、映り込みでもないですよ」と、彼らは尋ねた。

❾霊能者は、一呼吸置いてから言った。「これはただの人間だろ？

❿あなたたちの友人の一人じゃないのかい？」

019	**frozen** [fróʊzən]	形 凍った 動 freeze 凍る
020	**depict** [dɪpíkt]	動 （写真などが）〜を映し出す，〜を描く 名 depiction 描写
021	**reproachfully** [rɪpróʊtʃfəli]	副 うらめしそうに 形 reproachful うらめしそうな 名 reproach 非難
022	**decide** [dɪsáɪd]	動 〜を決める 名 decision 決断 関 decide to *do* 〜することを決める
023	**well-known** [wèlnóʊn]	形 有名な，よく知られている 対 little-known あまり知られていない
024	**psychic** [sáɪkɪk]	名 霊能者，超能力者 形 精神の，心霊の
025	**nearby** [nìəˈbáɪ]	副 近くに 形 近くの
026	**advice** [ədváɪs]	名 助言，アドバイス 関 give advice 助言する
027	**ridiculous** [rɪdíkjələs]	形 ばかげた 動 ridicule 〜をあざ笑う

例 The criminal, with his skates on, skated on the <u>frozen</u> moat and broke into the castle.

犯人はスケート靴を履き、凍った堀の上を滑って城内に侵入したんだ。

例 The habitual thief left a notebook in his hiding place, in which the detailed floor plans of the museum were <u>depicted</u>.

窃盗の常習犯が隠れ家に残したノートには、美術館の詳細な間取りが描かれていた。

例 Staring <u>reproachfully</u> at the body, the widow confessed her motive. "This man spent our entire inheritance!"

遺体をうらめしそうににらみつけながら、未亡人は動機を白状した。「この男は、私たちの遺産をすべて使い果たしたんです！」

例 The police have <u>decided</u> to increase the number of investigators by another 100.

警察は捜査員の数をさらに百人増やすことを決定した。

例 It is a biased opinion that if a <u>well-known</u> actress appears in a detective drama, she must be a criminal.

刑事ドラマに有名な女優が出ていたら犯人に違いない、というのは偏見だ。

例 As the woman had nightmares every night and couldn't sleep at all, she decided to see a <u>psychic</u> she found on the Web.

女性は毎晩悪夢にうなされまったく眠れなかったので、ネットで見つけた霊能者に会いに行くことにした。

例 The psychic has his small office <u>nearby</u> and it seems that a lot of people come to see him for consultations every day.

その霊能者は近くに小さな事務所をかまえており、毎日たくさんの客が彼に相談しに来るらしい。

例 He gave the woman a small packet of salt and some <u>advice</u>. "Place this packet at the entrance of your house."

彼は女性に塩の入った小さな包みを渡してアドバイスをした。「この包みを家の玄関に置きなさい」

例 "It's <u>ridiculous</u> to even think about paying such an expensive fee." Her lover got angry and left, but she slept well that night.

「そんなに高い料金を払おうと思うなんてばかげているよ」彼女の恋人は怒って出て行ってしまったが、彼女はその晩よく眠ることができた。

028	**glance** [glæns]	名 一瞥, ちらりと見ること
		関 take a glance　ちらりと見る
029	**affirm** [əfɔ́ːrm]	動 ～だと断言する
		名 affirmation　断言
030	**ghost** [goʊst]	名 霊
		関 ghost picture　心霊写真
031	**spiritual** [spírɪtʃuəl]	形 霊的な, 精神の
		名 spirit　精神, 魂
032	**presence** [prézəns]	名 存在
		形 present　存在している
033	**appear** [əpíər]	動 現れる, 姿を見せる
		名 appearance　出現, 外見
034	**pause** [pɔːz]	動 休止する, ためらう
		名 休止, 中断
035	**moment** [móʊmənt]	名 少しの間, 瞬間
		関 pause for a moment　一呼吸置く
036	**person** [pɔ́ːrsən]	名 人間

例 The detective was able to identify the cause of death by taking a <u>glance</u> at the body.

刑事は遺体をちらりと見ただけで死因を特定することができた。

例 The inept detective pointed at the bowling ball on the floor for some reason, and he <u>affirmed</u>, "This is the murder weapon."

なぜか床に転がっているボーリングのボールを指さし、迷探偵は断言した。「凶器はこれです」

例 The dog kept barking at a simple wall as if it was looking at a <u>ghost</u> or something unidentified.

まるで霊か何か得体の知れないものを見ているかのように、その犬は何でもない壁に向かって吠え続けた。

例 The doctor received an expensive fee to treat any incurable disease using <u>spiritual</u> powers, but he was arrested for fraud.

医者は霊的な力でどんな難病も治せると高額の治療費を受け取っていたが、詐欺罪で逮捕された。

例 The boy was holding his breath in a closet so that the murderer might not notice his <u>presence</u>.

殺人鬼が自分の存在に気づかないように、少年はクローゼットの中で息を殺していた。

例 The masked young man <u>appeared</u> in the mansion. He was supposed to have died in the war three years earlier.

覆面姿の青年が屋敷に姿を見せた。彼は三年前に戦争で亡くなったはずだった。

例 "You are the criminal." The detective pointed at the woman. She <u>paused</u> at first but then slowly started to talk about her motive.

「あなたが犯人です」探偵は女性を指さした。彼女ははじめこそためらっていたが、やがてゆっくりと動機を話し始めた。

例 The victim tried to say the name of the criminal at the <u>moment</u> of his death, but in vain.

被害者は死ぬ瞬間に犯人の名前を伝えようとしたが、果たせなかった。

例 The first <u>person</u> to discover the body did not report it to the police because he was afraid of being suspected as a criminal.

自分が犯人だと疑われるのを恐れて、遺体の第一発見者は警察に通報しなかった。

03 *The Job of a Driver*

05

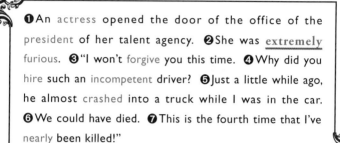

❶An actress opened the door of the office of the president of her talent agency. ❷She was <u>extremely</u> furious. ❸"I won't forgive you this time. ❹Why did you hire such an incompetent driver? ❺Just a little while ago, he almost crashed into a truck while I was in the car. ❻We could have died. ❼This is the fourth time that I've nearly been killed!"

† talent agency 芸能事務所　† just a little while ago ついさっき
† kill ～を殺す

extremely

extremely は、extr + eme + ly に分解できる。extr- は「外の」という意味の接頭辞で、eme はラテン語で最上級を表す語尾である。よって、extreme は「最も外の」、つまりある一定のラインより「外側に出ている」ことから、「極端な」という意味の形容詞になる。さらに、-ly は形容詞を副詞化する働きをもつ接尾辞だ。すなわち、extremely は「極端に」という意味の副詞である。

運転手の仕事

❶女優が、所属する芸能事務所の社長室のドアを開けた。

❷彼女は激怒していた。

❸「こんどこそ許さない。

❹なんでこんな無能な運転手を雇ったの？

❺ついさっきも、私が車に乗っているときに、トラックに衝突しかけたのよ。

❻死んでたかもしれないわ。

❼もう少しで殺されそうになったのは、これで四度目よ！」

03 *The Job of a Driver*

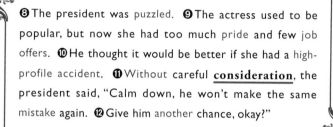

❽The president was puzzled. ❾The actress used to be popular, but now she had too much pride and few job offers. ❿He thought it would be better if she had a high-profile accident. ⓫Without careful **consideration**, the president said, "Calm down, he won't make the same mistake again. ⓬Give him another chance, okay?"

† **used to** *do* かつては〜した   † **popular** 人気のある   † **careful** 注意深い
† **consideration** よく考えること   † **calm down** 落ち着く

consideration

consideration は「よく考える」という意味の動詞 consider に、動作を表す名詞をつくる接尾辞 -ation が組み合わさってできた、「よく考えること、熟慮」という意味の名詞である。物語では、Without careful consideration という形で用いられており、careful は「注意深い、慎重な」という意味の形容詞、without は「〜なしに」という意味の前置詞である。したがって、Without careful consideration「深く考えることなく」という表現から、社長の言葉が安易に発せられたものであることが判明する。

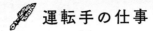

❽社長は困惑した。

❾その女優は、かつては人気があったが、今はプライドばかりが高く、仕事のオファーはほぼない。

❿注目を集める事故にでもあってもらった方がましだと社長は思った。

⓫社長は深く考えることなく言った。「落ち着いて、彼ももう同じ失敗はしないだろう。

⓬彼にもう一度チャンスを与えてくれないかい？」

037	**actress** [ǽktrəs]	名 女優 関 actor 俳優
038	**president** [prézidənt]	名 社長
039	**extremely** [ɪkstríːmli]	副 極度に 形 extreme 極端な
040	**furious** [fjúəriəs]	形 ひどく腹を立てた, （風・海などが）荒れ狂う
041	**forgive** [fɚ'gív]	動 ～を許す 類 excuse ～を許す
042	**hire** [háɪɚ']	動 ～を雇う 類 employ ～を雇う
043	**incompetent** [ɪnkáːmpəʈənt]	形 無能な, 能力のない 対 competent 能力のある
044	**crash** [kræʃ]	動 衝突する 名 衝突
045	**nearly** [níɚ'li]	副 もう少しで, ほとんど 前 near ～の近くに

例 The <u>actress</u> didn't show up at the photo shoot. Her manager visited her apartment to find that she had hanged herself.

女優は撮影現場に現れなかった。彼女のマンションを訪れたマネージャーは、彼女が首を吊っているのを発見した。

例 First suspected was the <u>president</u> of the IT company who had a relationship with the actress, but he had an alibi.

真っ先に疑われたのは女優と恋愛関係にあった IT 企業の社長だが、彼にはアリバイがあった。

例 The detective was <u>extremely</u> sensitive to scents and could tell the brands of perfumes and cigarettes by smelling them.

探偵は極度に匂いに敏感で、嗅ぐことで香水や煙草の銘柄を言い当てることができた。

例 "Don't come here again!" The suspect got <u>furious</u> at the detective who asked rude questions repeatedly.

「もう二度と来るな！」不躾な質問を繰り返す刑事に容疑者はひどく腹を立てた。

例 The detective answered, "These questions are just routine and I'm asking everyone. <u>Forgive</u> me."

「ただの慣例的な質問で、皆さんにお尋ねしているんです。お許しください」と刑事は答えた。

例 The assassin <u>hired</u> by the evil organization was a 15-year-old high school girl who concealed various weapons in her schoolbag.

悪の組織に雇われた殺し屋は十五歳の女子高生で、通学かばんにさまざまな凶器をしのばせていた。

例 Our assumption that the old man was <u>incompetent</u> at operating complicated machines might have been wrong.

その老人に複雑な機械を操る能力はないと俺たちは思い込んでいたが、それは間違いだったのかもしれない。

例 As soon as the wanted criminal saw the officer, he drove away carelessly without being afraid of <u>crashing</u> into cars.

指名手配犯の男は警官の姿を見るやいなや、車に衝突するのも恐れずに、車で走り去っていった。

例 "I <u>nearly</u> got arrested," the criminal muttered to himself. "I'd better get plastic surgery."

「もう少しで捕まるところだったぜ」犯人は独り言をこぼした。「整形手術でも受けた方がいいかもな」

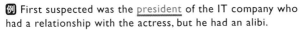

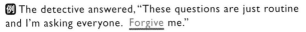

046	**puzzled** [pʌ́zəld]	形 困惑した 動 puzzle ～を困惑させる
047	**pride** [praɪd]	名 プライド, 自尊心 関 take pride in ～に誇りをもつ
048	**job** [dʒɑːb]	名 仕事
049	**offer** [ɔ́ːfɚ]	名 オファー, （協力・物などの）提案 動 ～を提供する, ～を申し出る
050	**high-profile** [hàɪpróʊfaɪl]	形 注目を集める 対 low-profile 目立たない
051	**accident** [ǽksɪdənt]	名 事故
052	**without** [wɪðáʊt]	前 ～なしに
053	**mistake** [mɪstéɪk]	名 失敗, 間違い 動 ～を間違える
054	**another** [ənʌ́ðɚ]	形 もうひとつの, 別の 代 もうひとつのもの・人

例 The police officers were very <u>puzzled</u> to see the corpse smiling and wearing a party hat.

パーティハットをかぶり笑みを浮かべた死体を見て、警官たちはすっかり困惑していた。

例 Ryan took <u>pride</u> in himself. Because of this, he never agreed to do undesirable tasks regardless of the pay.

ライアンにはプライドがあった。そのため、報酬にかかわらず、自分が気に入らない依頼は絶対に引き受けなかった。

例 "Ryan, here is a <u>job</u> request for you. It's a young female you like." Ryan received a photo from his boss and left the office.

「ライアン、仕事の依頼だ。お前好みの若い女だ」ボスから写真を受け取ると、ライアンは事務所を出て行った。

例 "Thank you very much for your <u>offer</u>," Ryan said to the client. "Don't worry. I'll definitely find your beloved dog."

「ご依頼いただき、誠にありがとうございます」ライアンは依頼人に言った。「ご安心ください。あなたの愛犬は必ず見つけてみせます」

例 The police did not release any information about the victims involved in the <u>high-profile</u> cases of abduction.

注目を集める誘拐事件に巻き込まれた被害者の情報を、警察は一切発表しなかった。

例 This must be a murder made to look like an <u>accident</u>. The criminal loosened the screws of the lights beforehand.

これは事故に見せかけた殺人に違いない。犯人は、あらかじめ照明のネジをゆるめていたんだ。

例 The phantom thief always sends a warning that reads, "I think it is unfair to steal <u>without</u> prior notice."

その怪盗はいつも「予告なしに盗むのはフェアではないように思いまして」と書いた予告状を送ってくる。

例 You thought you accomplished the perfect crime, didn't you? There is no one in this world who does not make <u>mistakes</u>.

あなたは完全犯罪を成し遂げたと思っていた、違いますか？ 失敗しない人間などこの世に存在しないのですよ。

例 The victim had <u>another</u> identity. During the day she was a teacher, but at night she lived a showy life as a dancer.

被害者にはもうひとつの顔があった。昼は教師だったが、夜はダンサーとして派手な生活を送っていた。

04 *The Invaders*

❶ The life form chose the Earth as its new home. ❷ First, advance parties of tens of thousands were dispatched from a spacecraft to the Earth. ❸ They were sent to see if they could adapt to the environment and food there. ❹ **Covertly** hiding, multiplying, and dominating the planet in the end—this was their immigration plan. ❺ However, the advance parties made a surprising report. ❻ They reported that there already were traps for catching them alive. ❼ Moreover, even though they were ingeniously hiding, humans accurately detected their species and attacked them. ❽ The advance parties almost faced extinction.

† life form 生命体　† advance party 先発隊　† tens of thousands 数万
† spacecraft 宇宙船　† adapt to ～に適応する　† moreover さらに
† even though ～にもかかわらず　† ingeniously 巧妙に
† face ～に直面する

covertly

まず、語尾の -ly に注目だ。ここから covertly は副詞で、covert が形容詞であると判断できる。「肝心の covert の意味を知らない」という読者も安心してほしい。目を凝らせば、日本語でもおなじみの cover「カバー」という単語が見えてくるはずだ。そう、カバーとは、「人目につかないように何かを覆って隠すこと」、つまり副詞の covertly は「ひそかに、こっそり」という意味になると推理できる。

❶ その生命体は、新しい居住地として地球を選んだ。

❷ まず、数万からなる先発隊が宇宙船から地球へ派遣された。

❸ 現地の環境や食べ物に適応できるかどうかを調査するためである。

❹ ひそかに潜伏、増殖し、最後にはその惑星を支配する――それが、その生命体の移住計画であった。

❺ しかし、先発隊からの報告は驚くべきものだった。

❻ 地球には、すでに、その生命体を生け捕りにするトラップがしかけられていたのだ。

❼ さらに、巧妙に潜伏しているのにもかかわらず、人間は的確にその種族を発見し、攻撃をしかけてくるのだという。

❽ 先発隊はほとんど絶滅しかけていた。

04 *The Invaders*

❾In the mothership, they were eager to hunt down a **traitor** who must be among them. ❿The species didn't know the facts. ⓫Their appearance was exactly like cockroaches, which are the most hated insects inhabiting the Earth.

† mother ship 母艦　† hunt down ～を見つけ出す
† exactly まさに、正確に　† cockroach ゴキブリ

traitor

接尾辞の -or は player の -er や visitor の -or と同じで、直前の動詞を「その行為をする人・もの」という意味の名詞に変える働きがある。play + er は「プレイする人」つまり「選手」、visit + or は「訪問する人」つまり「訪問者」を意味する。traitor の tra- や trans- はラテン語が由来の「向こう側へ」を意味する接頭辞である。transfer「輸送」や translator「翻訳者」などをイメージすると意味がつかみやすいだろう。つまり traitor は「向こう側へ何かを渡す人」、ここでは文脈から、相手に通じている「内通者、裏切り者」という意味だと推理しよう。

04 インベーダー

❾ 宇宙船の母艦で、彼らは自分のたちの中にいるはずの内通者を見つけようと躍起になっていた。

❿ その種族は事実を知らなかった。

⓫ 彼らの姿形がゴキブリにそっくりであり、その生物は地球に生息する昆虫の中で最も嫌われていることを。

055	**dispatch** [dɪspǽtʃ]	動 ～を派遣する
056	**environment** [ɪnváɪərənmənt]	名 環境 形 environmental　周囲の, 環境上の
057	**multiply** [mʌ́ltɪplaɪ]	動 増殖する, 増える
058	**dominate** [dá:mɪneɪt]	動 ～を支配する 名 domination　支配, 統治
059	**immigration** [ìmɪgréɪʃən]	名 移住 動 immigrate　移住する
060	**alive** [əláɪv]	形 生きている
061	**accurately** [ǽkjərətli]	副 的確に, 正確に 形 accurate　間違いのない
062	**detect** [dɪtékt]	動 ～を見つける 名 detective　探偵, 刑事
063	**extinction** [ɪkstíŋkʃən]	名 絶滅 形 extinct　絶滅した

例 The government <u>dispatched</u> a female spy to the hostile country to seek out its weakness. However, she was a double agent.

政府は敵対する国に女スパイを派遣し、敵国の弱みを探ろうとした。しかし彼女は二重スパイだった。

例 A small living room surrounded by plenty of books and laboratory equipment was a favorable working <u>environment</u> for the detective.

大量の本と科学の実験器具に囲まれた小さなリビングルームは、探偵にとって好ましい労働環境だった。

例 After the media covered the details of the ingenious fraud case, copycat crimes <u>multiplied</u> explosively.

メディアがその巧妙な詐欺事件の詳細を報道したあと、模倣犯が爆発的に増加した。

例 From the start, the detective <u>dominated</u> the game of chess. "If I win, you're gonna give me a lead to catch criminal, right?"

最初から、探偵はチェスの対局を支配していた。「僕が勝ったら、犯人を捕まえる手掛かりを教えてくれるんだったね？」

例 "I wanna stake out suspects with a bean-jam bun and milk in my hand." So, the American agent applied for <u>immigration</u> to Japan.

「あんパンと牛乳を片手に容疑者の張り込みをしてみたくてね」 そんな理由でアメリカ人の調査官は日本への移住を申請した。

例 Seeing his bloody body, we thought the victim had already died. But in fact, he was still <u>alive</u> then. He died sometime after that.

血まみれの体を見て、我々は被害者がすでに死んでいると考えた。しかし実はそのとき、彼はまだ生きていた。彼が死んだのはその後だったのです。

例 For some reason, the blood stain on the floor <u>accurately</u> outlined the shape of a circle with a diameter of 1 meter.

どういうわけか、床の血痕は正確に直径一メートルの円を描いていた。

例 Some detectives are sitting in armchairs to figure out the facts, while some are walking around to <u>detect</u> clues to cases.

安楽椅子に座ったまま真相を解明する探偵もいれば、歩き回って事件の手がかりを見つける探偵もいる。

例 It was a rare specimen of a butterfly facing <u>extinction</u> that the police found in the seized attaché case.

押収されたアタッシェケースの中に警察が発見したのは、絶滅の危機に瀕している蝶の希少な標本であった。

| 064 | **eager** [íːgəʳ] | 形 熱望して, 熱心な |
| | | 関 be eager to *do* しきりに～したがる |

| 065 | **traitor** [tréɪṭəʳ] | 名 内通者, 裏切り者 |

| 066 | **know** [noʊ] | 動 ～を知っている |
| | | 活 know - knew - known |

| 067 | **fact** [fækt] | 名 事実 |

| 068 | **appearance** [əpíərəns] | 名 姿形, 外観 |
| | | 動 appear 姿を現す |

| 069 | **hated** [héɪṭɪd] | 形 嫌われた |
| | | 動 hate ～を嫌う |

| 070 | **insect** [ínsekt] | 名 昆虫 |

| 071 | **inhabit** [ɪnhǽbɪt] | 動 ～に生息する |
| | | 名 inhabitant 住民 |

例 He was an <u>eager</u> detective but not good at marketing himself. His office was always deserted with no customers.

彼は非常に熱心な探偵だったが、自分を売り込むのが苦手だった。事務所は常に閑古鳥が鳴いていた。

例 The latest data for our rocket development was stolen. There must be a <u>traitor</u> here who was sent by a competitor!

ロケット開発の最新データが盗み出されたんです。ライバル会社に送り込まれた内通者が社内にいるに違いありません！

例 I <u>knew</u> you noticed that I was suspicious of you. I took advantage of that and outwitted you.

私は私があなたを疑っていたのにあなたが気づいていたことを知っていました。それを利用して、あなたの裏をかいたんです。

例 The man couldn't help being surprised at the <u>fact</u> that the woman who killed his lover was his long-lost sister.

自分の恋人を殺した女性が長らく行方不明だった妹であったという事実に、男は驚きを隠せなかった。

例 The <u>appearance</u> of the small shop was so old and dirty that no one thought that gold trafficking was going on there.

その小さな店の外観はとても古く汚かったので、そこで金の密売が行われているとは誰も考えなかった。

例 Despite the suspicious death of the nasty butler, no one was surprised because he was the most <u>hated</u> man in the residence.

意地悪な執事が不審な死を遂げたにもかかわらず誰も驚かなかったのは、彼が屋敷で一番の嫌われ者だったからだ。

例 A dead body was found on the airplane. It had an <u>insect</u> bite on the neck.

飛行機内で遺体が見つかった。その首には虫刺されの跡があった。

例 A hair was found at the bottom of the victim's traveling bag. It turned out to be from a monkey that only <u>inhabits</u> the tropics.

被害者の旅行かばんの底から一本の毛が見つかった。それは、熱帯地方にしか生息していない猿の毛だと判明した。

05 *The Price of a Masterpiece*

❶One noble woman visited an art dealer to sell a Vincent van Gogh <u>masterpiece</u>. ❷The art dealer asked straightforwardly, "So, how much are you selling this for, ma'am?" ❸The woman raised three fingers. ❹"Three million dollars? ❺I don't think I can do that." ❻She shook her head and replied quietly, "No, I meant three dollars." ❼The art dealer thought to himself, "This is in fact a real van Gogh painting. ❽Does the woman think it's a fake?"

† art 美術品　† sell for 〜の値段で売る　† ma'am 奥様
† shake one's head 首を振る　† mean 〜を意味する　† in fact 実際に

masterpiece

masterpiece は master ＋ piece に分解できる。master はカタカナの「マスター」からわかるとおり、「達人、名人」という意味を表す名詞。そして、piece も同じく名詞で「作品」という意味。つまり、masterpiece は「名人の作品」、すなわち「傑作」という意味になる。物語では、言わずと知れた名画家ゴッホの描いた masterpiece をたったの三ドルで売りたいという貴婦人の申し出に、画商が驚いている。貴婦人の目的は一体、どこにあるのだろうか？

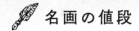

05 名画の値段

❶ 一人の貴婦人が、フィンセント・ファン・ゴッホの名画を売りたいと、画商のもとを訪れた。

❷ 画商は、単刀直入に尋ねた。「それで、奥様は、いくらで売りたいとお考えですか？」

❸ 貴婦人は、三本の指を立てた。

❹「三百万ドルですか？

❺ そこまでは難しいかもしれませんね」

❻ 貴婦人は首を振ると、静かに答えた。「いいえ、三ドルという意味ですわ」

❼ 画商は心の中で思った。「実際、これは正真正銘、ゴッホの絵だ」

❽ 貴婦人は、贋作だと考えているのだろうか？」

05

The Price of a Masterpiece

❾ She went on to say, "My husband passed away the other day. ❿ He had written about how to divide his property in his will and I need to follow it. ⓫ My family and I didn't know he had a lover until we read about it. ⓬ He wrote, 'To my most **beloved** Irene, I give the sum that will be earned by selling my van Gogh painting.' ⓭ That is why I want to relinquish this painting for three dollars."

† go on to *do* 続いて〜する † pass away 亡くなる
† the other day 先日 † that is why だから

beloved

beloved は be + love + ed に分解して考えると、その意味を推測しやすい。まず be- はその後に続く動詞を強調する働きのある接頭辞である。そして love は「愛する」という意味の動詞。そして -ed は動詞の過去形をつくる。以上のことを踏まえて考えると、beloved は「すごく愛した」、つまり「最愛の」という意味になるのだ。

❾貴婦人は続けて言った。「先日、夫が亡くなったんですの。

❿夫は遺言状に遺産の分配方法を書いておりましたから、それに従わないといけません。

⓫その遺言状を読むまで、私たち家族は、夫に愛人がいたことを知らなかったんですのよ。

⓬夫は、こう書いておりましたわ。『わが最愛のアイリーンに、ゴッホの絵を売って得られる全額を贈る』

⓭だから、三ドルでこの絵を手放したいのよ」

072	**noble** [nóʊbəl]	形 高貴な 名 貴族
073	**dealer** [díːləʳ]	名 商人, 販売業者 動 deal ～を分配する
074	**masterpiece** [mǽstəʳpiːs]	名 名画, 傑作
075	**straightforwardly** [strèɪtfɔ́ːˈwɚˈdli]	副 単刀直入に 形 straightforward 正直な, 率直な
076	**dollar** [dáːləʳ]	名 ドル 関 buck 〈略式〉ドル
077	**reply** [rɪpláɪ]	動 答える 名 返事
078	**quietly** [kwáɪətli]	副 静かに 形 quiet 静かな
079	**painting** [péɪnt̬ɪŋ]	名 絵 名 paint 絵具, ペンキ
080	**fake** [feɪk]	名 偽物 形 偽の

例 The client seemed to be of <u>noble</u> birth, as he refused to take off his mask in front of the detective.

依頼人は高貴な生まれらしく、探偵の前で仮面を外そうとしなかった。

例 The famous European gem <u>dealer</u> died of the plague prevalent at that time.

かの有名なヨーロッパの宝石商人は、当時流行していたペストで死んだ。

例 The scene reminded me of the famous <u>masterpiece</u> by da Vinci, with the dead bodies of thirteen people seated at a long table.

十三人の死体が長テーブルに座っている現場は、かの有名なダ・ヴィンチの名画を彷彿とさせた。

例 The client was dripping with sweat, but <u>straightforwardly</u> asked, "How much do you want to get rid of this corpse for me?"

依頼人は汗みずくであったが、単刀直入に聞いた。「いくらでこの死体を消してくれるんだ？」

例 "When exposed to this special light... See?" The mark that is supposed to appear on genuine <u>dollar</u> bills could not be seen.

「この特殊なライトを当てると……ほらね？」本物のドル紙幣には現れるはずの印が見当たらなかった。

例 "We detected other's fingerprints. You had an accomplice, didn't you?" The suspect didn't <u>reply</u> to the detective's question.

「他の人物の指紋が検出されているんだ。共犯者がいるんだろう？」刑事の問いかけに容疑者は答えなかった。

例 "I killed my husband." During the interrogation the wife confessed her sin <u>quietly</u>. "Today is our wedding anniversary."

「夫を殺したのは私です」取り調べを受けていた妻は静かに罪を告白した。「今日は私たちの結婚記念日なんです」

例 The criminal hung a <u>painting</u> on the wall to hide the hole that the bullet made after penetrating the victim's head.

被害者の頭を撃ち抜いた銃弾が開けた穴を隠すために、犯人は壁に絵をかけたのです。

例 Opening the suitcase, the thieves realized that all the bills were <u>fake</u> except for the real ones placed on the very top.

スーツケースを開けた窃盗団は、一番上の紙幣のみが本物で、他はすべて偽物であることに気づいた。

081	**divide** [dɪváɪd]	動 ～を分ける 名 division　区分
082	**property** [prá:pəˈti]	名 遺産, 財産
083	**will** [wəl]	名 遺書
084	**follow** [fá:loʊ]	動 ～に従う, 　～について行く
085	**lover** [lʌ́vəˈ]	名 愛人, 恋人
086	**beloved** [bɪlʌ́vd]	形 最愛の 名 最愛の人
087	**sum** [sʌm]	名 総額, 合計 類 total　総額
088	**earn** [əːˈn]	動 ～を得る, ～を稼ぐ
089	**relinquish** [rɪlíŋkwɪʃ]	動 ～を譲渡する, 　～を手放す

例 The thieves were arguing over how to <u>divide</u> the stolen money, hence they failed to notice they were surrounded by the police.

窃盗団は盗んだ金の分け方で言い争っていたので、警察に囲まれていることに気づかなかった。

例 In order to inherit a huge <u>property</u> and flee overseas with her young lover, the wife was planning to kill her husband.

莫大な遺産を相続して若い愛人と海外へ高飛びするため、妻は夫の殺害を計画していた。

例 Considering the dubious behavior of my wife recently, I will be killed by her shortly. I decided to write my <u>will</u> in advance.

最近の妻の不審な行動からすると、まもなく私は彼女に殺されるだろう。私は前もって遺書を書いておくことにした。

例 The wife opened the safe <u>following</u> the will, only to find a large pile of ashes and a note saying, "I burned it all."

妻は遺書に従い金庫を開けたが、そこには灰の山と「何もかも燃やしたよ」と書かれたメモだけがあった。

例 The mystery writer fled from her home after finding out that her husband had a <u>lover</u>.

そのミステリ作家は夫に愛人がいることを知って家を出た。

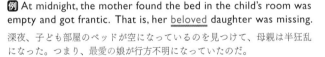

例 At midnight, the mother found the bed in the child's room was empty and got frantic. That is, her <u>beloved</u> daughter was missing.

深夜、子ども部屋のベッドが空になっているのを見つけて、母親は半狂乱になった。つまり、最愛の娘が行方不明になっていたのだ。

例 I decided to join the illogical murder game because the <u>sum</u> of the prize amounted to several hundred million yen.

報酬の総額が数億円にものぼるという理由で、俺はその愚かな殺人ゲームに参加することを決意した。

例 I was in huge debt. In order to <u>earn</u> the handsome reward, I killed one participant after the other using all kinds of weapons.

俺は莫大な借金を抱えていた。高額な懸賞金を得るために、ありとあらゆる武器を駆使して次々に参加者を殺害した。

例 The father had <u>relinquished</u> custody against his will, but he kept sending birthday gifts to his daughter every year.

父親は意思に反して親権を手放しました、しかし娘宛に毎年誕生日プレゼントを贈り続けていたんです。

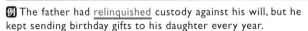

06

The Man who Saw Death

❶The man had poor eyesight ever since he was born. ❷On the other hand, he had a special ability to see "something." ❸It's an ability to see someone's face pale when his or her death is close. ❹At first, he didn't like it, because he thought it'd be an ability of the "God of Death." ❺However, once he noticed that he could change the timing of deaths, he started to use this ability to help others. ❻He searched for someone's face turning pale, and gave the person some advice to avoid death. ❼One day on a busy street, he saw someone's face turn completely blue, **implying** imminent death. ❽He hurried to the person.

† ever since ～して以来　† the god of death 死神　† once 一度～すると
† timing タイミング　† search for ～を探す　† turn ～になる
† busy street 繁華街　† completely 完全に

imply

imply は im + ply に分解できる。接頭辞の im- は前置詞 in と同義で、「中」を意味する。残る -ply は「折る」という意味。つまり、imply とは「中に折りたたむ」こと。相手に直接渡すのではなく、一度中に折りたたんでから渡すことから、「暗に示す」、すなわち「ほのめかす」という意味になる。ちなみに、-ply を含む単語は他にも reply、employ、display などがあり、たとえば reply には「広げた手紙に返事を書いて、折りたたんで返す」という意味がある。

06　死を視る男

❶ 男は生まれつき視力が弱かった。

❷ その一方で、「何か」を見る特殊な能力を身につけていた。

❸ 死期が近い人間の顔が青白く見えるという能力だ。

❹ 最初、彼は、その能力を「死神」の能力だと考えて嫌った。

❺ しかし、死のタイミングを変えることができると気づいてからは、その能力を人助けのために使うようになった。

❻ 顔の青白い人間を探し、死を避けるためにアドバイスするのだ。

❼ ある日、彼は繁華街で、死が迫っていることを暗示する、真っ青な顔の人間を見た。

❽ 彼は、その人のもとへ急いだ。

The Man who Saw Death

❾The man pushed his way through the crowd and rushed over to the person. ❿Then, he eventually realized the person was himself, **reflected** in a big show window. ⓫ He heard the loud engine noise of a truck and the screams of people from behind.

† **push one's way through** 〜をかき分ける　† **crowd** 人波、群衆
† **eventually** ようやく、結局は

reflect

reflect が「〜を映す、反射する」という意味の動詞だと知っている人は多いかもしれない。ここでは、reflect がなぜそのような意味になるのか、語源を手がかりに一歩踏み込んで考えてみよう。まず、reflect は re + flect に分解できる。re- は「後ろへ」という意味を表す、ラテン語由来の接頭辞だ。recede「後退する」や return「戻る」といった単語にも、同じ意味で使われている。一方、「フレキシブル、曲げやすい」という意味の flexible から推測できるように、flect は「曲げる」という意味を表す。よって reflect とは「後ろに曲がる」こと、すなわち「向きが変わり反射する」ことを意味するのだ。

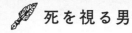

06 死を視る男

❾ 男は人波をかき分け、その人のもとへ駆けつけた。

❿ そして、彼はその人が、大きなショーウィンドウに映る自分自身だとようやく気づいた。

⓫ 背後から、トラックの大きなエンジン音と、人々の悲鳴が聞こえた。

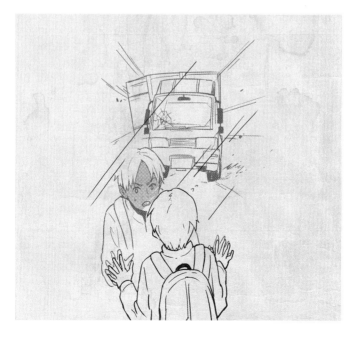

090	**eyesight** [áɪsaɪt]	名 視力 関 sight 見ること，視界
091	**ability** [əbíləţi]	名 能力 対 inability 無力，できないこと
092	**pale** [peɪl]	形 青ざめた，青白い
093	**death** [deθ]	名 死 対 birth 誕生
094	**change** [tʃeɪndʒ]	動 〜を変える 名 変更
095	**avoid** [əvɔ́ɪd]	動 〜を避ける 関 avoid *doing* 〜するのを避ける
096	**imply** [ɪmplái]	動 〜を暗示する 活 imply - implied - implied
097	**imminent** [ímɪnənt]	形 （危険などが）差し迫った 副 imminently 切迫して
098	**hurry** [hə́:ri]	動 急ぐ 活 hurry - hurried - hurried

例 The bodyguard hired by the billionaire had such good <u>eyesight</u> that they could notice a sniper tens of meters away.

億万長者に雇われたそのボディガードは非常に視力がよく、数十メートル先の狙撃手に気づくことができた。

例 The detective had an <u>ability</u> to find out the occupation and the career of a person by simply shaking hands with them.

探偵は握手をするだけで相手の職業や経歴がわかる能力を持っていた。

例 The cab driver saw a <u>pale</u> figure standing in the middle of the road. He stopped his car quickly, but there was nobody around.

タクシー運転手は青白い人影が道の真ん中に立っているのを見た。慌てて車を止めたが、あたりには誰もいなかった。

例 The cause of <u>death</u> of the person found in the charred ruins was not fire but starvation.

焼け跡から見つかった人物の死因は焼死ではなく餓死だった。

例 It was discovered that someone had <u>changed</u> the administrator password the day before the hacking incident.

ハッキング事件の前日、何者かが管理者パスワードを変更していたことがわかった。

例 A man secretly followed the couple who went into a narrow backstreet to <u>avoid</u> a crowded place.

人ごみを避け細い裏路地に入っていった男女を、ひそかに尾行している男がいた。

例 The detective found out that the playing card left at the murder scene was <u>implying</u> the next murder.

殺害現場に残されたトランプの札が次の殺人を暗示していることに探偵は気づいた。

例 "The audience is not aware of the <u>imminent</u> crisis!" said the detective, as he raced to the theater.

「危険が差し迫っていることに観客たちは気づいていない！」そう言って、探偵は劇場へ走った。

例 The thieves <u>hurried</u> to wipe all their fingerprints from the room and then left the jewelry store.

窃盗団は急いで室内の指紋をすべてふき取り、宝石店を後にした。

| 099 | **rush** [rʌʃ] | 動 急いで行く |
| | | 名 あわただしさ, 忙しさ |

| 100 | **realize** [ríːəlaɪz] | 動 〜に気づく |

| 101 | **hear** [hɪəʳ] | 動 〜を聞く |
| | | 活 hear - heard - heard |

| 102 | **loud** [laʊd] | 形 大きな |
| | | 名 loudness　大声 |

| 103 | **engine** [éndʒɪn] | 名 エンジン |

| 104 | **noise** [nɔɪz] | 名 音, 雑音 |
| | | 形 noisy　騒々しい |

| 105 | **truck** [trʌk] | 名 トラック |

| 106 | **scream** [skriːm] | 名 悲鳴 |
| | | 動 悲鳴を上げる |

例 When the standby police were informed of the location of the hostages, they <u>rushed</u> to that building.

人質の居場所を知らされ、待機していた警察官たちは急いで該当の建物へ向かった。

例 The wife <u>realized</u> that her husband recently took his mobile phone to the bathroom.

妻は、夫が最近、携帯電話を風呂場に持って行くことに気づいた。

例 "Hey, it is that series of pet kidnappings. Hurry to..." the captain said to me. I replied to him, "I <u>heard</u> everything."

「おい、例の連続ペット誘拐事件だ。急ぐんだ、現場は……」警部はそう言ってきた。俺は「全部聞こえてましたよ」と彼に答えた。

例 The captain is talkative and has so <u>loud</u> a voice that he will be noticed approaching even from tens of meters away.

警部は話し好きで声がとても大きく、数十メートル離れていても彼が近づいてくることがわかるくらいなのだ。

例 The bomb was arranged to explode as soon as the <u>engine</u> of the car was turned on.

爆弾は車のエンジンをかけた途端に爆発する仕組みだった。

例 The inept detective suspected eavesdropping as he started to hear a strange <u>noise</u> on his radio. However, it was just broken.

ラジオからおかしな音が聞こえてくるようになったので迷探偵は盗聴を疑った。しかし、単にラジオが壊れているだけだった。

例 The <u>truck</u> used by the robbers of gold ingots to escape was abandoned on the river bed in the neighboring prefecture.

金塊強奪犯が逃走に使ったトラックは隣県の河川敷に乗り捨てられていた。

例 You testified that it was a <u>scream</u> of a "woman." How do you know that even though you were not at the crime scene?

あなたは「女性」の悲鳴だったと証言しましたね。事件現場にいなかったあなたが、どうしてそのことを知っているのですか？

07　*The Idle Husband*

❶ Just one year had passed since the couple's marriage. ❷ One might have said that they were still in the honeymoon phase. ❸ However, the wife had already decided to divorce her husband because she had realized that her husband was a man who did nothing. ❹ He never did the chores. ❺ He was also <u>reluctant</u> to communicate with the neighbors or their relatives. ❻ The wife finally urged her husband, who was lying on a couch and watching TV, to sign their divorce papers. ❼ The husband realized his wife was serious and replied, "I can't divorce you. ❽ Don't say such a hopeless thing!"

† **honeymoon** 蜜月　† **phase** 時期　† **communicate with** ～と付き合う
† **neighbor** 近所の人　† **relative** 親戚　† **urge A to** *do* Aに～するように迫る
† **couch** ソファ　† **divorce paper** 離婚届　† **hopeless** 無茶な、見込みのない

reluctant

「近所や親戚との付き合いも reluctant」という一文は文脈から、妻が離婚を決意した理由を示していると推測できる。その理由とは何か。まず、reluctant を re + luct + ant に分解してみよう。re- は「反対に」という意味の接頭辞、luct は「闘う」という意味の語根、-ant は「～する性質をもつ」という意味の形容詞をつくる接尾辞だ。つまり reluctant とは「逆らう性質をもつ」という意味であり、ここから「～することを嫌がる」という意味になった。夫は家事を一切しないだけではなく、近所や親戚と付き合うことも嫌がる「何もしない夫」だったので、妻は離婚を決意したのだ。

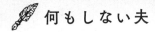 何もしない夫

❶ 夫婦が結婚してから、ちょうど一年が経った。

❷ まだ新婚と言ってもよい時期だろう。

❸ しかし、何もしない人間だとわかったので、妻はすでに夫と離婚することを決意していた。

❹ 彼は何ひとつ家事をしなかった。

❺ 近所や親戚との付き合いも面倒くさがる。

❻ 妻は、ソファに寝そべってテレビを観ている夫に、とうとう離婚届にサインするよう迫った。

❼ 妻が真剣だとわかり、夫は答えた。「キミと離婚することなんてできない。

❽ そんな無茶なことを言うな！」

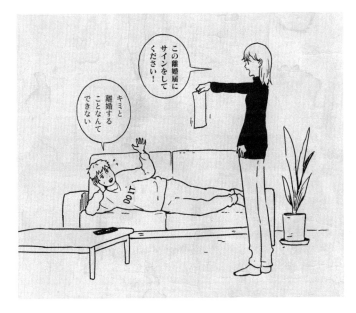

07 *The Idle Husband*

❾ The wife told her husband all the grievances she had.
❿ "I understand your complaints. ⓫ But it's **impossible** for us to get divorced. ⓬ Actually, I was too busy to submit our marriage registration," her husband looked embarrassed and replied.

† marriage registration 婚姻届

impossible

impossible は、im + possible に分けてその意味を推理してみよう。im- は否定を意味する接頭辞で、続く語を「〜ではない」という意味に変える働きがある。possible は、知ってのとおり「可能な」と言う意味の形容詞だ。よって impossible は「可能ではない」、つまり「不可能な」という意味。このように頻出の接頭辞や接尾辞を頭に入れておけば、単語の意味を推理する手がかりになる。

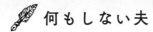
❾妻は抱えている不満をすべて夫に吐き出した。

❿「キミの不満はわかった。

⓫でも、離婚することは不可能なんだ。

⓬実は、忙しすぎて、婚姻届を提出できなかったんだ」と、夫はきまり
の悪そうな顔で答えた。

| 107 | **couple** [kʌ́pəl] | 名 夫婦, カップル |
| | | 関 a couple of ふたつの〜 |

| 108 | **marriage** [mǽrɪdʒ] | 名 結婚 |
| | | 動 marry 〜と結婚する |

| 109 | **wife** [waɪf] | 名 妻 |
| | | 複 wives |

| 110 | **divorce** [dɪvɔ́ːʳs] | 動 〜と離婚する |
| | | 名 離婚 |

| 111 | **husband** [hʌ́zbənd] | 名 夫 |

| 112 | **chore** [tʃɔ́ːʳ] | 名 家事, 雑用 |

| 113 | **reluctant** [rɪlʌ́ktənt] | 形 乗り気でない |
| | | 関 reluctant to *do* 〜することをしぶる |

| 114 | **lie** [laɪ] | 動 横たわる |
| | | 活 lie-lay-lain |

| 115 | **serious** [síəriəs] | 形 真剣な, 本気の |
| | | 副 seriously 真面目に, 本気で |

例 The wife killed her husband. The neighbors couldn't believe such a thing could happen to such a nice <u>couple</u>.

妻が夫を殺害した。あんなに仲の良い夫婦にそんなことが起こるなんて、近所の人たちは信じられなかった。

例 The investigation revealed that the woman, who claimed to be the man's wife, was actually wanted for <u>marriage</u> fraud.

男の妻を名乗っていた女が実は結婚詐欺で指名手配されていたことが捜査で明らかになった。

例 According to the news, "the sweetheart swindler" had acted as the <u>wife</u> or girlfriend of five different men at the same time.

ニュースによると、その「結婚詐欺師」は同時に五人の異なる男性の妻や恋人を演じていたという。

例 The murderer, who targeted only fathers, had a grudge against his own father who had <u>divorced</u> his mother.

父親ばかりを狙った殺人鬼は、母親と離婚した実の父親を恨んでいた。

例 The woman arrested for confinement had told everyone, "I'd rather lock my <u>husband</u> up than live my life without him."

監禁罪で逮捕された女性は、「夫のいない人生を送るくらいなら、いっそ彼を監禁するわ」と周囲に言いふらしていた。

例 My husband was willing to help me with <u>chores</u>, such as laundry. He would never drink detergent by mistake!

夫は洗濯などの家事もすすんで手伝ってくれる人だったんです。だから、洗剤を間違えて飲んでしまうなんて、あり得ません！

例 The gigantic detective loves eating and reading, and is <u>reluctant</u> to go out. His assistant does a lot of legwork for him.

その巨漢の探偵は食と読書を愛し、外出をしぶる。彼の代わりに助手が聞き込み調査に駆け回るのだ。

例 The victim was <u>lying</u> face down and bloody words were written on the floor.

被害者はうつぶせで倒れており、床には血で書かれた文字が残されていた。

例 The bank teller mumbled, "Are you <u>serious</u>?" when she saw the bank robber wearing a mask of a cartoon character.

銀行強盗がアニメキャラのお面をかぶっているのを見て、銀行の窓口係は「本気なの？」とつぶやいた。

116	**grievance** [gríːvəns]	名 不満
117	**understand** [ʌndəˈstǽnd]	動 ～がわかる
118	**complaint** [kəmpléɪnt]	名 不満 動 complain 不満を言う
119	**impossible** [ɪmpáːsəbəl]	形 不可能な 対 possible 可能な
120	**actually** [ǽktʃuəli]	副 実は 形 actual 実際の
121	**busy** [bízi]	形 忙しい 対 free ひまな, 自由な
122	**submit** [səbmít]	動 ～を提出する 名 submission 提出
123	**embarrassed** [ɪmbǽrəst]	形 きまりの悪い, 当惑した 動 embarrass ～を当惑させる

例 The temporary workers, who had a <u>grievance</u> about extremely low pay, shut themselves up in the factory to protest.

極端に低い賃金に不満をもった臨時労働者たちは、抗議のため工場に立てこもった。

例 I don't <u>understand</u> how you feel about killing your own father. I won't try to <u>understand</u>, either.

実の父親を殺したあなたの気持ちなんてわからないわ。わかりたくもない。

例 The employee had a <u>complaint</u> about being fired with short notice. He waited in front of his boss's house with an iron pipe.

従業員は急な通告で解雇されたことに不満を抱いていた。彼は鉄パイプを握り、上司の自宅の前で待ち伏せた。

例 The locked room murder case looked <u>impossible</u> to solve, but the detective found out that the criminal used a poisonous snake.

その密室殺人事件は解決不可能に思えたが、探偵は犯人が毒蛇を用いたことを見破った。

例 <u>Actually</u>, the survival rate of hostages in kidnapping cases drops to 70% after 24 hours and 50% after another 24 hours.

実は誘拐事件の人質の生存率は、発生から二十四時間で七十パーセント、四十八時間で五十パーセントにまで落ち込むんです。

例 "I'm <u>busy</u> now." The detective initially rejected the job, but he changed his mind after finding the client was wealthy.

「今、忙しいんでね」はじめこそ探偵は仕事を断ろうとしたが、依頼人が裕福であることを知ると手のひらを返した。

例 Before seeking revenge against the driver who hit and killed my only son, I <u>submitted</u> my resignation.

一人息子をひき殺した運転手に復讐を企てる前に、私は辞表を提出した。

例 The deduction by the inept detective was wrong. He said with an <u>embarrassed</u> smile on his face, "I was just rehearsing."

迷探偵の推理は見当外れだった。当惑した笑みを顔に浮かべた彼は言った。「ただのリハーサルですよ」

08 *The Invisible Man*

15

❶A young scientist finally invented an "<u>invisible</u> man medicine." ❷It was a magical pill that turned you invisible once taken, and once you took an antidote, your body returned to its original condition. ❸"If I take this medicine, I can steal lots of money from a bank without people noticing it! ❹I can steal into anywhere as well!" ❺The scientist took the medicine right away and left the laboratory.

† finally とうとう　† medicine 薬　† once いったん〜すれば
† return to 〜に戻る　† steal 〜を盗む　† without 〜なしで
† notice 〜に気づく　† steal into 〜に忍び込む　† right away さっそく

invisible

若き科学者は「invisible な人間の薬」を開発した。この薬を飲めば、「誰にも気づかれずに、どこにでも忍び込める」という。「誰にも気づかれない」のはなぜだろうか。invisible は、「目に見える」という意味の形容詞 visible に、「〜できない」という否定の意味を表す接頭辞 in- がついたものだ。そう、invisible とは「見ることができない」、すなわち「見えない」と言う意味。科学者は「透明人間の薬」を発明したのだ。

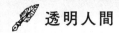 透明人間

❶ 若き科学者が、とうとう「透明人間の薬」を発明した。

❷ ひとたび飲めば透明になり、解毒剤を飲めば身体は元の状態に戻る、という魔法の丸薬である。

❸「この薬を飲めば、誰にも気づかれずに、銀行から大金を盗むことができる!

❹ どこにでも忍び込むことだってできる!」

❺ 科学者は、さっそく薬を服用し、研究所から出て行った。

08 *The Invisible Man*

❻ (Bang!) A truck driver felt a strong shock while driving. ❼ "Damn it! ❽ Did I hit someone?" ❾ The driver opened the door right away and looked, but no one was there. ❿ "I knew it. ⓫ Who wouldn't notice if a person got in front of his car on such a clear street like this?" ⓬ Since then, mysterious phenomena have happened. ⓭ Some people said, "I might have run something over." ⓮ Others said, "The car has gone out of control because of this bumpy road." ⓯ However, these phenomena have gradually <u>subsided</u> as time has passed.

† **bang** ドンという音　† **while** ～している間に
† **since then** その後、それ以来　† **run A over** A をひく

subside

subside は sub + side に分解することができる。sub- は「下に」という意味を表す接頭辞、side は「座る」という意味の語根だ。ここで椅子に座る動作をイメージしてほしい。椅子に腰を「下ろす」様子が思い浮かんだだろうか。この「下ろす」イメージから、subside は「（土地などが）沈下する」という意味や、「（洪水などが）ひく、正常な高さに戻る」、「（雨風・騒動などが）収まる」という意味を表すのである。

❻（ドン！） トラックの運転手は、運転中に大きな衝撃を感じた。

❼「しまった！

❽人をはねてしまったか？」

❾運転手はすぐにドアを開けて確認したが、そこには誰もいなかった。

❿「そうだよな。

⓫こんなに見通しのよい道で、人が車の前に出てきて気づかないわけないものな」

⓬それからというもの、不思議な現象が起こるようになった。

⓭「何かをひいたかもしれない」と語る人がいた。

⓮また別の人は、「道がでこぼこしていて、車の制御がきかなくなった」などと語った。

⓯しかし、その現象は、時間が経つにつれだんだんと収まっていった。

124	**scientist** [sáɪəntɪst]	名 科学者 関 science 科学
125	**invent** [ɪnvént]	動 ～を発明する 名 invention 発明，発明品
126	**invisible** [ɪnvízəbəl]	形 透明の，目に見えない 対 visible 目に見える
127	**magical** [mǽdʒɪkəl]	形 魔法の 名 magic 魔法
128	**pill** [pɪl]	名 丸薬，錠剤
129	**antidote** [ǽnt̬idoʊt]	名 解毒剤
130	**original** [ərídʒənəl]	形 元の，最初の 名 元の物，原物
131	**condition** [kəndíʃən]	名 状態
132	**laboratory** [lǽbrətɔːri]	名 研究所 略 lab

例 Though he was a detective, his knowledge of science was advanced enough to work as a professional <u>scientist</u>.

彼は探偵だが、科学への知見はプロの科学者として働いてもさしつかえないほど高度なものであった。

例 The scientist killed his boss after an argument over patent royalties for the automatic radish grater he had <u>invented</u>.

自分の発明した自動大根おろしマシンの特許使用料を巡って口論になり、科学者は上司を殺害した。

例 The phantom thief skillfully slipped through the <u>invisible</u> rays of the infrared sensors and reached the bank vault.

怪盗は目に見えない赤外線センサーをたくみにかわし、銀行の金庫室までたどり着いた。

例 The criminal carried the body into this locked room using a trick that seemed <u>magical</u>.

犯人は魔法のようなトリックを使って遺体をこの密室の中に運び入れたのです。

例 The agent was forced to swallow a <u>pill</u> by a man dressed head-to-toe in black.

謀報員は全身黒ずくめの男に無理やり錠剤を飲まされた。

例 The man took out a small bottle filled with liquid and said, "If you want this <u>antidote</u>, hand the secret document over to me."

男は液体の入った小瓶を取り出すと、「この解毒剤がほしかったら秘密書類をこちらに渡せ」と言った。

例 Your <u>original</u> surname was Koda. The victim who was killed in the accident had the same surname, right?

あなたの旧姓は幸田。例の事故で亡くなった被害者も同じ名字でしたね？

例 The mental <u>condition</u> of the victim was very unstable and the physician in charge did not allow anyone to visit him.

被害者の精神状態は非常に不安定で、担当医師は誰の面会も許さなかった。

例 The engineering genius lived in a <u>laboratory</u> on an isolated island, never stepped out of it, and refused to see anyone.

その工学の天才は孤島の研究所に住み、一歩も外に出ることなく、誰とも会おうとしなかった。

| 133 | **shock** [ʃɑːk] | 名 衝撃 |
| | | 動 ～に衝撃を与える |

| 134 | **hit** [hɪt] | 動 ～をはねる, ～を打つ |
| | | 関 big hit　ヒット商品 |

| 135 | **clear** [klɪəʳ] | 形 見通しのよい, 澄んだ |

| 136 | **mysterious** [mɪstíəriəs] | 形 不思議な |
| | | 名 mystery　謎 |

| 137 | **phenomenon** [fənáːmənɑːn] | 名 現象 |
| | | 複 phenomena |

| 138 | **control** [kəntróʊl] | 名 制御 |
| | | 関 out of control　制御できない |

| 139 | **bumpy** [bʌ́mpi] | 形 でこぼこの |
| | | 名 bump　出っ張り, こぶ |

| 140 | **gradually** [grǽdʒuəli] | 副 だんだんと, 徐々に |
| | | 形 gradual　ゆるやかな |

| 141 | **subside** [səbsáɪd] | 動 収まる, （土地などが）沈下する |

例 All the guests were in deep <u>shock</u>. The criminal was the last person they would have suspected.

招待客は皆、大きな衝撃を受けた。犯人は、彼らが疑いもしない人物だったのだ。

例 The guy lost his memory when he was <u>hit</u> by a car. He had an ID card, but bizarrely, the photo was not of his.

男は車にはねられ記憶を失った。身分証明書を持っていたが、奇妙なことに、その写真は彼のものではなかった。

例 Though the crime happened in an open space <u>clear</u> of obstacles, nobody saw the moment the boy was kidnapped.

犯行は見通しのよい開けた場所で起こったが、少年が誘拐された瞬間を見た者は一人もいなかった。

例 One day, a <u>mysterious</u> letter written in random letters and numbers was found in my mailbox.

ある日、でたらめな文字と数字が書かれた不思議な手紙が郵便受けに入っていた。

例 Since then, there has been a psychic <u>phenomenon</u> occurring every night, that is, my doorbell rings on its own at 2 a.m.

それ以来、毎晩、午前二時になると自宅のインターホンがひとりでに鳴るという心霊現象が起きている。

例 The machines in the factory went out of <u>control</u> all at once, and some workers were injured.

工場で機械の制御がいっせいにきかなくなり、従業員数名が負傷した。

例 You have to walk along a <u>bumpy</u> mountain trail to the crime scene. It was impossible for a person in a wheelchair.

事件現場まではでこぼこした山道を歩くしかありません。車椅子の人物には不可能です。

例 A long investigation by the police <u>gradually</u> revealed the whereabouts of the criminal.

警察の地道な捜査によって、徐々に犯人の行方が明らかになった。

例 When the volcanic activity <u>subsided</u>, the students tried to get down the mountain, but fallen rocks blocked the trails.

火山活動が収まると学生たちは下山を試みたが、山道は落石でふさがれていた。

09 *Unlucky Victim*

17

❶A young man was driving a car along a deserted mountain path. ❷Then he saw an old man had fallen on the road and ran up to him. ❸The old man was **conscious** and seemed to be fine. ❹The old man said, "Have you seen a police car around here? ❺Are there any houses where I can ask for help? ❻Also, my mobile phone was stolen. ❼Can your phone pick up a signal?" ❽The young man's phone couldn't get a signal in such a deep place in the mountains. ❾He shook his head no to all the questions.

† fall 倒れる † run up to ～に駆け寄る † police car パトカー
† ask for ～を求める † mobile phone 携帯電話

conscious

まず、con- は強調を表す接頭辞で、sci は「知っている」という意味の語根。そして -ous は状態を表す接尾辞だ。これらの手がかりから、conscious は「よく知っている状態である」、つまり、「(心の中で)意識している、自覚している」という意味であると推理できる。「老人は conscious で、命に別状はないように見えた」という文で、老人の命に別状がないと判断できたのは、「意識があった」からだろう。このように前後の文脈から単語の意味を推理するのも有効なテクニックだ。

❶ さびれた山道沿いを、若い男が自動車で走っていた。

❷ すると、道路に老人が倒れているのに気づき、彼のもとに駆け寄った。

❸ 老人は意識があり、命に別状はないように見えた。

❹ 老人は言った。「この辺でパトカーを見ませんでしたか？

❺ 助けを求められそうな民家はありませんか？

❻ 携帯も盗られてしまいました。

❼ あなたの携帯は、電波が入りますか？」

❽ こんな山奥では、若い男の携帯に電波は入らなかった。

❾ 彼は、どの質問にもいいえと首を振った。

09 *Unlucky Victim*

❿As soon as the young man shook his head weakly, the old man suddenly got up and pointed something black at him. ⓫"You know, this is a real pistol. ⓬Hand over your car and all the money you have! ⓭Lately, people are quick to report to the police and they set up checkpoints right away. ⓮That's why I must be <u>cautious</u> like this. ⓯Well, you are so unlucky."

† as soon as 〜するとすぐに　† get up 起き上がる　† pistol ピストル、拳銃
† hand over 〜を手渡す　† report 通報する、報告する　† set up 〜を設置する
† right away すぐに

cautious

接尾辞 -ous には「〜の多い」という意味の形容詞をつくる働きがある。cautious は「注意」という意味の名詞 caution から派生しているので、「注意が多い」、すなわち「注意深い」という意味の形容詞になる。同様に spacious は「空間、スペース」という意味の名詞 space から派生しており、「空間が大きい」、すなわち「広々とした」という意味を表す形容詞である。

❿若い男が力なく首を振った瞬間、老人は突然起き上がり、何か黒いものを突きつけた。

⓫「ほら、これは、本物のピストルだ。

⓬車と有り金を全部よこせ！

⓭最近じゃあ、警察への通報も早くなって、すぐに検問をはられちまう。

⓮だから、こうやって用心しなきゃならないのさ。

⓯まあ、あんたもずいぶんと運の悪いやつだな」

| 142 | **along**
[əlɔ́ːŋ] | 前 ～に沿って |
| | | 関 get along with ～と仲良くする |

| 143 | **deserted**
[dɪzɔ́ːᵗɪd] | 形 さびれた,
人の住んでいない |
| | | 動 desert ～を見捨てる |

| 144 | **path**
[pæθ] | 名 小道 |

| 145 | **conscious**
[kɑ́ːnʃəs] | 形 意識のある |
| | | 名 consciousness 意識, 自覚 |

| 146 | **seem**
[siːm] | 動 ～のように見える,
～のように思われる |

147	**steal** [stiːl]	動 ～を盗む
		活 steal - stole - stolen
		関 stolen goods 盗品

| 148 | **signal**
[sígnəl] | 名 電波, 信号 |
| | | 動 ～に合図する |

149	**shake** [ʃeɪk]	動 ～を振る, ～をゆする
		活 shake - shook - shaken
		関 shake hands 握手する

| 150 | **question**
[kwéstʃən] | 名 質問 |
| | | 動 ～について質問する |

例 Some weird dolls were lined up <u>along</u> the curb of the school road. A new doll joined the line every day.

通学路の縁石に沿って奇妙な人形が並べられていた。日を追うごとにその列にひとつずつ新たな人形が追加されていった。

例 A lot of unknown animal bones were found in a house which was <u>deserted</u> for decades.

何十年も人の住んでいない家屋から、未知の動物の骨が大量に発見された。

例 The police thought that the thief escaped through the <u>path</u> in the backyard, but no footprints were found there.

窃盗犯が裏庭の小道を抜けて逃走したと警察は考えたが、そこには誰の足跡も残されていなかった。

例 The guard was hit from behind, but he was <u>conscious</u> enough to witness the back of the escaping criminal.

守衛は背後から殴られたが、意識はあったので逃げていく犯人の後ろ姿を目撃することができた。

例 According to the suspect's friend who met him the day before the crime, nothing <u>seemed</u> to be wrong with him.

犯行前日に容疑者と会った友人によれば、特に変わったところはないように見えたそうだ。

例 The phantom thief worked as a janitor, biding his time to <u>steal</u> the Matisse painting that was hung in the president's office.

怪盗は社長室に飾ってあるマティスの絵を盗む機会をうかがいながら、清掃員として働いていた。

例 The cellular <u>signal</u> was weak in the hut, so the only way to communicate with the outside world was to use a landline.

山小屋の中は携帯電話の電波が弱く、外部との連絡手段は固定電話しかなかった。

例 The host appeared to be asleep on a chair. When I <u>shook</u> him by his shoulders, his head fell off onto the floor.

宿の主人は椅子に座ったまま眠っているように見えた。彼の肩をゆすると、その首が床に転がり落ちた。

例 "May I ask you a <u>question</u>?" the detective asked the suspect. "How could you tell the real jewels from the fake ones?"

「ひとつ質問してもよろしいでしょうか?」探偵は容疑者に尋ねた。「どうしてあなたは偽物の宝石と本物の宝石を見分けることができたのでしょうか?」

| 151 | **weakly**
[wíːkli] | 副 力なく |
| | | 形 weak 弱い |

| 152 | **suddenly**
[sʌ́dnli] | 副 突然 |
| | | 形 sudden 突然の |

| 153 | **point**
[pɔ́ɪnt] | 動 （銃などの狙い）をつける、〜を指し示す |
| | | 名 点，先端 |

| 154 | **real**
[ríːəl] | 形 本物の |

| 155 | **lately**
[léɪtli] | 副 最近 |
| | | 形 latest 最近の，最新の |

| 156 | **quick**
[kwɪk] | 形 すばやい |
| | | 副 quickly 速く，急いで |

| 157 | **checkpoint**
[tʃékpɔɪnt] | 名 検問所 |

| 158 | **cautious**
[kɔ́ːʃəs] | 形 用心深い |
| | | 名 caution 用心，警戒 |

| 159 | **unlucky**
[ʌnlʌ́ki] | 形 運の悪い |
| | | 対 lucky 運の良い |

例 As the criminal took a hostage, the police <u>weakly</u> nodded and fulfilled the demands of the criminal.

犯人は人質を取っていたので警察は力なくうなずき、犯人の要求をのんだ。

例 Some masked men <u>suddenly</u> broke into the bank and shouted, "Freeze!"

覆面姿の男たちは突然銀行に押し入り、「動くな！」と叫んだ。

例 A sniper <u>pointed</u> his rifle at the president's head from the rooftop of a building.

狙撃手はビルの屋上から、大統領の頭にライフルの狙いを定めた。

例 The artist was notorious for his ability to forge fake documents that looked exactly like the <u>real</u> versions.

その芸術家は本物そっくりの書類を偽造できる手腕で名を馳せていた。

例 Some puzzling incidents have taken place in my town <u>lately</u>. Bikes have had their saddles switched with a head of broccoli.

最近、私の町では不可解な事件が相次いでいる。自転車のサドルがブロッコリーにすり替えられているのだ。

例 In fear of being tracked down, the thieves were <u>quick</u> to take the stolen jewels out of the country and sell them.

窃盗団は足がつくのを恐れ、盗んだ宝石をすばやく国外に持ち出して、売り払った。

例 Although <u>checkpoints</u> have been set up on all roads leading out of town, the criminal has not been found yet.

町から出るすべての道路に検問が設置されましたが、犯人はまだ見つかっていません。

例 The criminal seems to be <u>cautious</u>. Well, split up and comb the town! Search every inch of the area!

犯人は用心深いやつらしいな。よし、手分けして町内をしらみつぶしにあたれ！　ネズミ一匹逃すな！

例 The young detective complained, "I'm <u>unlucky</u> to be involved in such a major case the minute I got here."

「着任早々こんな大事件に巻き込まれるなんて、ついてないぜ」と、若い刑事は不満をこぼした。

10

The Great Deduction

19

❶A woman visited an office. ❷She started talking. "I came here because I'm in some trouble…" ❸Then, a man sitting on a sofa and smoking a pipe **interrupted** her by saying, "Your accent tells me you are from Eastern Europe. ❹The clothing you're wearing is a brand sold only for 20-year-old women ten years ago, so this means you are thirty years old now. ❺Oh, your shoe soles have been worn out. ❻Well, you must have visited more than 10 European countries this year so far. ❼Of course, I can tell what you're having trouble with as well."

† deduction 推理　† office 事務所　† worn out すり減った
† more than ～以上　† so far 今までに　† as well そのうえ

interrupt

物語では、事務所を訪れた女性が話し始めた場面で、a man sitting on a sofa and smoking a pipe interrupted her by saying ... と続く。男は女性が話している途中で何かを言うことで、女性を interrupt した。つまり、女性の話を「さえぎった」のである。inter- は「間に」という意味の接頭辞、rupt は「破れる、壊れる」という語源をもち、interrupt は inter「間に」＋ rupt「壊れる」→「間に割って入る」、すなわち「さえぎる」という意味の動詞になる。

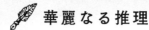

❶ 一人の女性が、とある事務所を訪れた。

❷ 「ちょっと困ったことがあって、ここに来ました……」と彼女は話し始めた。

❸ すると、ソファに座ってパイプをふかしていた男が女性をさえぎって言った。「あなたのアクセントからすると、あなたは東欧の出身だ。

❹ あなたが着ているその服は、十年前、あるブランドが、二十歳の女性だけに販売したものだから、今あなたは三十歳ということになる。

❺ おや、靴底がすり減っている。

❻ そうですねえ、今年だけで十以上のヨーロッパの国々を訪れていますね。

❼ もちろん私には、あなたの困りごともわかりますとも」

10

The Great Deduction

❽ Then, the man showed her a black notebook in his right hand and said, "You are looking for this passport, aren't you, Ms. Adelheid? ❾ You can't lose valuable goods like this." ❿ Hearing the conversation, his colleague told her apologetically, "I'm sorry miss, I know he's annoying you." ⓫ Then he said to the man, "You just got this information from looking at her passport. ⓬ Don't talk as if you were making some <u>inferences</u>. ⓭ This is not a detective agency, but a lost-and-found office."

† show ～を見せる　† look for ～を探す　† lose ～をなくす
† as if まるで～のように　† lost-and-found 遺失物取扱所

inference

inference は in ＋ fer ＋ ence に分解できる。まず、in- は「中に」という意味の接頭辞だ。次に、fer は ferry「フェリー」や transfer「移動する」などの単語からも推測できるように、「運ぶ」という意味を語源にもつ。ここまでで、infer は in-「中に」＋ fer「運ぶ」→「頭の中に運び込む」、つまり「推察する」という意味になる。そして -ence は名詞をつくる働きをする接尾辞。つまり inference は「推察、推理」という意味。名探偵には欠かせない語だ！

❽そして男は、右手に持った黒い手帳を女性に見せて言った。「あなたが
お探しのものは、このパスポートでしょう、アーデルハイドさん？

❾こういう大事なものをなくしたら、ダメでしょう」

❿会話を聞いていた男の同僚が、女性に向かって申し訳なさそうに言っ
た。「お嬢さん、困らせてゴメンね」

⓫そして同僚は男に向かって言った。「彼女のパスポートを見て情報を手
に入れただけじゃないか。

⓬さも推理したみたいな言い方をするなよ。

⓭ここは探偵事務所じゃなくて、遺失物取扱所なんだからさ」

| 160 | **visit** [vízɪt] | 動 ～を訪れる |
| | | 名 訪問 |

| 161 | **trouble** [trʌ́bəl] | 名 困難, 面倒なこと |
| | | 動 ～を困らせる |

162	**smoke** [smoʊk]	動 (煙草など)を吸う
		名 煙
		関 No smoking. 禁煙

| 163 | **pipe** [paɪp] | 名 パイプ |

| 164 | **accent** [ǽksent] | 名 アクセント, なまり |
| | | 動 ～を強調する |

| 165 | **clothing** [klóʊðɪŋ] | 名 服, 衣類 |

| 166 | **wear** [weəʳ] | 動 ～を着る |
| | | 活 wear-wore-worn |

| 167 | **mean** [mi:n] | 動 ～を意味する |
| | | 名 meaning 意味 |

| 168 | **sole** [soʊl] | 名 底, 足の裏 |
| | | 関 shoe sole 靴底 |

例 The detective correctly deducted the cause of the painful incident without <u>visiting</u> the scene.

探偵は現場を訪れることなく、その痛ましい事件の原因を言い当ててみせた。

例 His boss told him not to get into <u>trouble</u>, but the young detective's curiosity couldn't be helped.

上司は面倒ごとに関わらないよう忠告したが、若い刑事の好奇心は止められなかった。

例 The detective <u>smoked</u> a cigar while wondering how the culprit could enter that room without anyone seeing him.

探偵は煙草を吸いながら、どうやって犯人は誰にも見られることなく部屋に侵入できたのかを考えた。

例 "It is quite a three <u>pipe</u> problem," said the detective and he shut his eyes to consider things.

「パイプ三服分の問題だよ」探偵はそう告げると、じっくり考えるために目を閉じた。

例 One of the witnesses said that the suspect had a Tohoku <u>accent</u>.

証言者の一人は、容疑者に東北なまりがあったと話した。

例 They found a tiny amount of bloodstains on the criminal's <u>clothing</u>, which became the decisive proof.

犯人の衣類から微量の血痕が見つかり、これが決定的な証拠となった。

例 The officer showed me a picture of a massive man <u>wearing</u> a black jacket and asked me if I knew him.

警官は黒いジャケットを着た大柄の男性の写真を見せ、この男を知らないかと尋ねた。

例 Most of the stab wounds are concentrated on the right side of the body. This <u>means</u> the criminal is probably left-handed.

刺し傷は遺体の右側に集中していますよね。これは、犯人がおそらく左利きだということを意味しているんです。

例 No suspect's shoe <u>soles</u> matched the footprints left in the snow at the crime scene, so the case went unsolved.

犯行現場の雪に残された足跡はどの容疑者の靴底とも合致せず、事件は迷宮入りした。

169	**notebook** [nóʊtbʊk]	名 手帳, ノート
170	**valuable** [væljəbəl]	形 大事な, 貴重な 名 value 価値
171	**conversation** [kà:nvəˈséɪʃən]	名 会話 動 converse 会話をする
172	**colleague** [ká:li:g]	名 同僚 類 coworker 同僚
173	**apologetically** [əpà:lədʒéṭɪkəli]	副 申し訳なさそうに 形 apologetic 謝罪の
174	**annoy** [ənɔ́ɪ]	動 〜を困らせる, 〜を煩わせる 形 annoying いらいらさせる
175	**information** [ìnfəˈméɪʃən]	名 情報 動 inform 〜に知らせる
176	**inference** [ínfərəns]	名 推理, 推測 動 infer 〜と推測する
177	**agency** [éɪdʒənsi]	名 事務所, 代理店 関 agent 代理人

例 I bought an old <u>notebook</u> at an antique shop. According to the shop owner, anything written in it becomes a reality.

とある骨董店で私は一冊の古い手帳を買った。店主によると、そこに書かれたことはすべて本当になるという。

例 Can't you see that I'd like you to leave now? I don't want to waste my <u>valuable</u> time, hearing your rambling deductions.

もう帰ってもらえませんかね。戯言のような推理を聞かされて、貴重な時間を無駄にしたくないんでね。

例 I got really upset and swore at him. I had no idea that would be our last <u>conversation</u>.

私は動揺して、彼を罵りました。それが最後の会話になるなんて、知らなかったんです。

例 My <u>colleague</u> was watching their hide-out all night, but it was empty when he stepped foot inside the next morning.

一晩中、俺の同僚がやつらのアジトを見張っていたんだが、翌朝、中に踏み込んだときには、もぬけの殻だったんだ。

例 "Sorry, but I have no choice," muttered the woman with a kitchen knife in her hand <u>apologetically</u>.

「ごめんね、でもこうするしかないの」包丁を手にした女は、申し訳なさそうにつぶやいた。

例 As the detective cares about every small detail, he always <u>annoys</u> others by asking too many questions.

その刑事は細かいことが気になる性分で、いつも質問ばかりしては周囲の人々を煩わせている。

例 The victim had an allergy to buckwheat and died from it. Only the culprit could have known this <u>information</u>, so you did it.

被害者は蕎麦アレルギーで、そのために命を落としたのです。その情報を知っているのは犯人だけですから、犯人は貴方です。

例 "Are you saying that I killed her? That's just a ridiculous <u>inference</u>!" the man screamed.

「俺が彼女を殺しただと？　それは的外れな推測だ！」と男は叫んだ。

例 He just looks like an ordinary employee at a travel <u>agency</u>, but in reality, he's a government spy.

彼はどこにでもいるような旅行代理店の社員に見えるが、本当は政府のスパイだ。

11 *A Monster Appears in Tokyo*

❶One day, a monster emerged from Tokyo Bay. ❷Perhaps because it had been exposed to radiation and **mutated**, its body had become as huge as a skyscraper. ❸The monster landed and moved forward slowly to the city. ❹However, even with the appearance of the monster, no one was surprised or panicked.

† monster 怪獣　† appear 現れる　† perhaps ひょっとしたら
† move forward 前進する　† appearance 出現

mutate

物語を見てみると、Perhaps because it had been exposed to radiation and mutated, its body had become as huge as a skyscraper. とある。まずカンマの前に注目しよう。「怪獣は放射線にさらされて mutate した」とある。そしてカンマ後には、「その体は超高層ビルと同じくらい巨大なものになっていた」とあることから、mutate は放射線によって怪獣の体に起こった「変化」を表していると推測できる。つまり、mutate とは「変化する、変異する」という意味の動詞だ。

11 🖊 怪獣、東京に現る

❶ある日、東京湾から怪獣が現れた。

❷放射線にさらされて突然変異したからか、その体は超高層ビルと同じくらい巨大なものになっていた。

❸怪獣は上陸し、ゆっくりと都市に向かって歩みを進めた。

❹しかし、怪獣の出現にさえも、驚き慌てふためく人間はいなかった。

11 A Monster Appears in Tokyo

❺A few decades before the monster appeared, people had already developed a weapon that could kill creatures without <u>destroying</u> buildings, as well as a small nuclear bomb that would destroy only a limited area. ❻However, this was not the reason why people were not surprised. ❼Due to the effect of World War III and radiation, no more human beings lived on the Earth. ❽There was no one to throw rubble at the monster, much less to swing around a bat. ❾Mankind had become extinct, and no one existed on the Earth anymore—except for the monster.

† develop ～を開発する　† nuclear 原子力の　† due to ～のせいで
† effect 影響　† human being 人類　† much less まして
† swing around ～を振り回す　† extinct 絶滅した

destroy

destroy は de + stroy に分解できる。まず、接頭辞の de- は「下へ」という意味を表す。次に、stroy は「建てる」という意味をもつ語根で、ラテン語の struere「建てる、積み重ねる」に由来する。つまり、「建てたものを下へ」動かす動作から、destroy とは「～を取り壊す、破壊する」という意味の動詞であることがわかる。ちなみに、「組み立てる」という意味の動詞 structure や、in「中に」struct「積み重ねる」、すなわち「（人の脳内に知識を）積み重ねるようにする」ことから「教える、指導する」という意味になる instruct も、destroy と同じく struere に由来する派生語なので、まとめて覚えておこう。

11 怪獣、東京に現る

❺ その怪獣が現れる数十年前、人々はすでに、建造物を破壊することなく生物を殺せる兵器や、限られた範囲だけを破壊する小型核爆弾も開発していた。

❻ しかし、人々が驚かなかったのはこれが理由ではない。

❼ 第三次世界大戦と放射線の影響で、地球にはもう人類はいなかったのである。

❽ 怪獣にがれきを投げる者はいなかったし、ましてやこん棒を振り回す者もいなかった。

❾ 人類は絶滅し、地球上には、もう誰も存在していなかった——怪獣を除けば。

178	**emerge** [ɪmɔ́ːˈdʒ]	動 現れる 類 appear 現れる
179	**expose** [ɪkspóʊz]	動 ～をさらす, (犯罪・欠点など)を暴露する
180	**radiation** [rèɪdiéɪʃən]	名 放射線, 放射能 形 radioactive 放射性の
181	**mutate** [mjúːteɪt]	動 ～を突然変異させる, ～を変化させる
182	**huge** [hjuːdʒ]	形 巨大な 対 tiny ごく小さい
183	**skyscraper** [skáɪskrèɪpəˈ]	名 超高層ビル
184	**land** [lænd]	動 上陸する 名 陸
185	**panic** [pǽnɪk]	動 慌てふためく 名 恐慌, パニック

例 When the detectives were lying in wait in the basement of the bank, the floor cracked open and the thieves <u>emerged</u>.

探偵たちが銀行の地下室で待ち構えていると、床が破られ、窃盗犯たちが姿を現した。

例 Since the hostages had been <u>exposed</u> to the risk of death over a long period, they started to lose their minds.

人質たちは長時間にわたって命の危機にさらされ、正気を失い始めた。

例 The yellow and black signs are called hazard symbols, which warn about dangerous materials that emit <u>radiation</u> or poisons.

その黄色と黒のマークはハザードシンボルと呼ばれ、放射線や毒物を排出する危険物を警告している。

例 An extraordinary creature that seemed to have been <u>mutated</u> from a crab was found in the port town facing the Sea of Japan.

日本海に面した港町で、カニが突然変異したと思われる奇妙な生き物が見つかった。

例 The detective is working hard to collect information to find the hiding place of the <u>huge</u> drug trafficking organization.

その刑事は巨大な麻薬密売組織のアジトを見つけるため、情報収集に励んでいる。

例 A young window cleaner happened to witness the murder that took place on the top floor of a <u>skyscraper</u>.

窓ガラスの清掃員の若者は偶然、超高層ビルの最上階で起きた殺人事件を目撃した。

例 The typhoon <u>landed</u> in Kyushu. The heavy rain caused a landslide, revealing a human skeleton buried deep in the ground.

台風が九州に上陸した。大雨が地滑りを引き起こし、地中深くに埋められていた白骨死体が見つかった。

例 The old lady <u>panicked</u> when she realized she was tricked in a phone scam. The guy she believed to be her grandson was a crook.

電話詐欺に騙されたと気づくと、老婦人は慌てふためいた。彼女が孫だと思った人物は、詐欺師だったのだ。

186	**decade** [dékeɪd]	名 十年間 関 century 百年間
187	**weapon** [wépən]	名 兵器, 武器 動 ～を武装させる
188	**creature** [kríːtʃɚ]	名 生物
189	**destroy** [dɪstrɔ́ɪ]	動 ～を破壊する 名 destroyer 破壊する人（物）
190	**bomb** [bɑːm]	名 爆弾 関 bomb threat 爆破予告
191	**limited** [límɪṭɪd]	形 限られた 動 limit ～を制限する
192	**rubble** [rʌ́bəl]	名 がれき
193	**mankind** [mænkáɪnd]	名 人類
194	**exist** [ɪgzíst]	動 存在する 名 existence 存在

例 The bandit had lived his life on the run for a <u>decade</u>, until he was arrested just before the statute of limitations ran out.

強盗犯は時効成立間際に逮捕されるまで十年間、逃亡生活を送っていた。

例 A system developed by an engineer turned out to be able to be adapted into a state-of-the-art anti-personnel <u>weapon</u>.

あるエンジニアが開発したシステムが、最新鋭の対人兵器に応用できることが発覚した。

例 A mass outbreak of a certain <u>creature</u> at a certain time and place is considered to be a bad omen.

特定の生物が同じ時間、同じ場所に大量発生するのは良くないことの前兆だと言われている。

例 The robbers tried to <u>destroy</u> the vault door by using a "cut anything" laser cutter that they purchased online, but it was useless.

強盗団はネットで購入した「何でも切れる」というレーザーカッターを使って金庫室の扉を破壊しようとしたが、役に立たなかった。

例 The detective arrived at the hideout of the kidnapper to find his girlfriend who had <u>bombs</u> tied all around her body.

誘拐犯のアジトに到着した探偵が見つけたのは、全身に爆弾が巻きつけられた恋人だった。

例 The message left in the hideout read, "You have 10 minutes. If you can remove the bombs within that <u>limited</u> time, you win!"

アジトに残されていたメッセージには、「お前に十分やろう。その限られた時間内で爆弾を解除できたら、お前の勝ちだ！」と記されていた。

例 We either win and escape this place, or die buried in <u>rubble</u>. What a foolish question to ask!

勝負に勝ってここを脱出するか、がれきに埋もれてくたばるか。そんなの決まっているだろう！

例 "This discovery could be a big step for <u>mankind</u>!" The scientist flaunted a flask containing a suspicious purple solution.

「この発見は人類にとって大きな一歩になる！」科学者は怪しげな紫色の薬液が入ったフラスコを掲げてみせた。

例 The staff of the inn behaved as if the victim had never <u>existed</u>, but her name was unmistakably written in the guest book.

旅館の従業員たちはまるで被害者が存在していなかったかのようにふるまったが、宿帳には間違いなく彼女の名前が書かれていた。

12 *The Cursing Pot*

❶ A man bought a "cursing pot" at an antique shop. ❷ It's said that you can curse and kill any person you want just by putting a strand of their hair in it and leaving it at home. ❸ The shop owner said that the pot would be more effective if it were displayed somewhere the person could see it. ❹ "But there is no way I could leave such an **ominous** pot out in the open," said the man. ❺ The man put a strand of his wife's hair in the pot and kept it out of her sight. ❻ Three months passed, however, it hadn't worked at all. ❼ He remembered the shop owner saying, "If it doesn't work well, I'll take it back at half price," so he returned it to the shop.

† pot 壺　† out in the open（隠さずに）表に出して
† take A back Aを引き取る　† half price 半額　† return 〜を返品する

ominous

知らない単語でも、単語がもつ響きやイメージから意味を推理できることがある。ominous は、omen の派生語だ。omen はホラー映画のタイトルにもなっており、不吉なイメージを抱く人も多いだろう。omen は「前兆」という意味の名詞で、よい意味でも悪い意味でも使われるが、形容詞 ominous は「不吉な、縁起の悪い」という意味になるのだ。

❶ 男は骨董屋で「呪いの壺」を買った。

❷ 望んだ相手の髪の毛を一房入れて家に置いておくだけで、誰でも呪い殺すことができるという。

❸ 相手の見えるところに壺を飾っておけば、さらに効果があると店主は言っていた。

❹「でも、こんなまがまがしい壺を堂々と置いておけるわけがないよな」と男はこぼした。

❺ 男は壺に妻の髪の毛を一房入れ、妻の目の届かない場所にしまっておいた。

❻ しかし、三カ月経っても効果はまったく現れない。

❼「もしうまくいかなかったら半額で引き取ります」という店主の言葉を思い出し、彼は壺を骨董屋に返品した。

12 *The Cursing Pot*

❽The "cursing pot" which the man had returned to the shop was now on a cabinet, the most noticeable place in the living room. ❾He remembered that his wife had gone shopping the day before. ❿She was humming with the same happy smile that she had frequently shown when they were <u>newlyweds</u>. ⓫Now the man was left puzzled and speechless.

† the day before 前日　† puzzled 困惑した

newlywed

newly + wed に分解してその意味を推理してみよう。newly は形容詞 new「新しい」に接尾辞 -ly が付いた副詞で、「新たに、最近」と言う意味だ。次に wed は、wedding「ウェディング、結婚」という言葉からもわかるように、「結婚する」という意味の動詞である。つまり newlywed は、「最近結婚をする」すなわち「最近結婚した人」という意味を表す。物語では複数形を用い、結婚したばかりの夫と妻の二人を指し、「新婚夫婦」という意味で使われている。

❽ 男が店に返品した「呪いの壺」は今、リビングの最も目につく場所である飾り棚の上に置かれていた。

❾ 妻が前日、買い物に行っていたのを彼は思い出した。

❿ 彼女は、新婚当時によく見せていたのと同じ幸せそうな笑顔を浮かべて、鼻歌を歌っていた。

⓫ 今、男は困惑し、言葉を失ったまま取り残されている。

195	**antique** [æntíːk]	名 骨董品 形 古風な
196	**curse** [kəːˈs]	動 ～を呪う 名 呪い
197	**strand** [strænd]	名 髪の房 関 a strand of ～の一房, ～の一本
198	**owner** [óʊnəˈ]	名 持ち主, 所有者 動 own ～を所有する
199	**effective** [ɪféktɪv]	形 効果的な 名 effect 効果
200	**display** [dɪspléɪ]	動 ～を飾る 名 陳列, 展示
201	**ominous** [áːmɪnəs]	形 まがまがしい, 不吉な
202	**sight** [saɪt]	名 視界 関 lose sight of ～を見失う
203	**remember** [rɪmémbəˈ]	動 ～を思い出す, ～を覚えている 類 recall ～を(意識的に)思い出す

例 The man's hobby was collecting <u>antiques</u>. "Just beautiful..." He dreamily gazed at one of his skeletonized bodies.

男の趣味は骨董収集だった。「なんと美しい……」所有する白骨化した死体のひとつを、彼はうっとりと眺めた。

例 I've been receiving anonymous letters that read "I'll <u>curse</u> you." However, the one on my birthday said, "I'll celebrate you."

「お前を呪ってやる」と書かれた匿名の手紙が私のもとへ届くようになった。しかし、誕生日に受け取った手紙には、「お前を祝ってやる」とあった。

例 I got scared when I found a long <u>strand</u> of black hair on my pillow. I live alone and never let anyone in my apartment.

枕に長い黒髪が一本ついていることに気づいて俺は恐怖した。俺は一人暮らしだし、アパートに誰かを入れたことは一度もない。

例 The journalist asked the previous <u>owner</u> of the haunted house for an interview, but there was no reply. He was already dead.

記者は幽霊屋敷の前の所有者に取材を申し入れたが、返事はなかった。彼はすでに亡くなっていたのだ。

例 No <u>effective</u> medicine has been developed so far against the virus that everyone has been scared about.

人々を恐怖に陥れているウイルスに対して効果がある薬は、現在のところ開発されていない。

例 In the novelist's house, a grave marker of the great writer whom he looks up to as a model is <u>displayed</u>.

その小説家の自宅には、私淑する文豪の墓標が飾られている。

例 "I really have an <u>ominous</u> feeling." She decided to take the day off from work after seeing a black cat and a hearse at once.

「すごく不吉な予感がする」黒猫と霊柩車を同時に見かけて、彼女は仕事を休むことにした。

例 The security guards were keeping their eyes on the world's largest ruby, but a sudden blackout made them lose <u>sight</u> of it.

警備員たちは世界最大のルビーに目を光らせていたが、突然の停電によってルビーを見失ってしまった。

例 I don't know what happened. I only <u>remember</u> my friend lying on the floor...and me holding a bloody knife in my hand.

何が起こったのか、わからないんです。覚えているのはただ、友人が床に倒れていて……俺は血のついたナイフを手に握っていました。

204	**cabinet** [kǽbɪnət]	名 飾り棚
205	**noticeable** [nóʊt̬əsəbəl]	形 人目を引く, 目立つ 動 notice 〜に気づく
206	**hum** [hʌm]	動 鼻歌を歌う 名 humming 鼻歌
207	**smile** [smaɪl]	名 笑顔, 笑み 動 笑う
208	**frequently** [frí:kwəntli]	副 頻繁に 形 frequent 頻繁に起こる
209	**show** [ʃoʊ]	動 〜を見せる 名 展覧会, ショー
210	**newlywed** [njú:liwed]	名 新婚者, 　　(複数形で)新婚夫婦
211	**speechless** [spí:tʃləs]	形 言葉を失う, 無口な 名 speech 話, 発話能力

例 Alice woke up to the sound of the <u>cabinet</u> rattling. There was no earthquake, but the <u>cabinet</u> was shaking by itself.

アリスは飾り棚がガタガタと揺れている音で目を覚ました。地震ではないのに、その棚はひとりでに揺れていた。

例 The man in <u>noticeable</u> clothes was a decoy. His accomplice took the ransom while the man was the center of attention.

目立つ服を着た男は、おとりだった。男が人々の注意を集めている隙に、共犯者が身代金を持ち去ったというわけです。

例 The teacher, who was popular among his students, allegedly murdered them one by one while <u>humming</u> to himself.

生徒に人気の男性教師は、鼻歌を歌いながら次々と教え子を殺害していったという。

例 When the detective realized that the hostess mentioned a fact only the culprit could know, a <u>smile</u> appeared on his face.

女将が犯人しか知り得ない事実を口にしたことに気づき、探偵は口元に笑みを浮かべた。

例 When the police interviewed the man who went to the pawnbroker <u>frequently</u>, he readily admitted he was the thief.

質屋に頻繁に出入りしていた男を警官が事情聴取すると、彼はあっさりと自分が窃盗犯であることを認めた。

例 The detective took out an earring from his pocket and <u>showed</u> it to her. "This is solid proof that you are the culprit."

探偵はポケットからイヤリングを取り出し彼女に見せた。「これがあなたが犯人だという動かぬ証拠です」

例 The <u>newlyweds</u> went to the tropical island on their honeymoon, but neither of them ever returned.

ハネムーンで熱帯の島を訪れた新婚夫婦だったが、二人とも二度と戻ることはなかった。

例 One morning, when the president got his office and found all desks and computers had disappeared he was <u>speechless</u>.

ある朝、出社するとすべての机やパソコンがなくなっているのを見て、社長は言葉を失った。

13 *The Robot Golfer*

25

❶In 20XX, a revolutionary robot was developed. ❷It was a robot golfer. ❸At the time, in sports which depended on physical abilities, robots had already surpassed humans, but in delicate sports such as those that used balls, it was believed that humans still had the advantage. ❹The **bipedal** robot golfer looked almost the same as a human. ❺He manipulated golf clubs like a human. ❻On that day, the battle of the century was taking place between a top human professional and the robot golfer. ❼The result was that the human beat the robot by a considerable margin.

† revolutionary 画期的な † depend on ～に依存する † ability 能力
† almost the same as A Aとほとんど同じ † take place 開催される
† considerable かなりの † beat ～を打ち負かす

bipedal

bipedal を bi + pedal に分けてみよう。bicycle「自転車」や、bilingual「ふたつの言語を話せる」といった語からもわかるように、bi は「ふたつの」という意味。pedal は自転車やピアノのペダルを指す。物語では、この単語のあとに「見た目はほぼ人間と同じ」と続いているので、bipedal は「ふたつの足がついている」という意味だと推理できれば事件解決だ。

13 　ロボゴルファー

❶ 20XX年、ある画期的なロボットが開発された。

❷ ロボットゴルファーである。

❸ 身体能力に依存するスポーツでは、その頃、すでにロボットは人間を超えていたが、ボールを扱うような繊細な競技では、まだ人間に分があると考えられていた。

❹ 二足歩行のそのロボゴルファーは、見た目はほぼ人間と同じ。

❺ 人間と同じように、ゴルフクラブを操った。

❻ その日、人間のトッププロとロボゴルファーの間で、世紀の一戦が行われることになった。

❼ 結果は、人間がかなりの差をつけて、ロボットに勝利した。

13 *The Robot Golfer*

❽The robot golfer returned to the developer and looked regretful and disappointed. ❾The developer talked to the robot golfer. ❿"All right, all right, that expression on your face is nice. ⓫And it's a very satisfying result. ⓬If you beat the humans, their wariness of robots will increase, and we'll probably not be able to receive research funding and continue development. ⓭You gave the credit to the humans, which is a positive result." ⓮The developer approached the robot golfer and touched a switch hidden beneath its **armpit** to turn off the "business golf" mode.

† expression 表情　† wariness 警戒心　† probably おそらく
† research 研究　† give the credit to ～に花をもたせる
† turn off（スイッチなど）を切る　† business ビジネスの、商売上の

armpit

この単語も分解してみよう。arm は「腕」、pit は「穴」という意味。これらのヒントに加えて、「armpit の下に隠されたスイッチ」という表現から、スイッチが隠せそうな場所を推理しよう。正解は「脇の下」だ。

❽開発者のもとに戻ったロボゴルファーは、悔しそうな、残念そうな表情を見せた。

❾開発者はロボゴルファーに話しかけた。

❿「いいね、いいね、その表情。

⓫それに、大満足の結果だよ。

⓬人間に勝ってしまうと、ロボットに対する警戒心は強くなるし、研究費がもらえなくなって、開発が続けられなくなるかもしれないからね。

⓭人間に花をもたせる、この結果でいいんだよ」

⓮開発者はロボゴルファーに近づくと、ロボの脇の下に隠されたスイッチに触れ、「接待ゴルフ」モードをオフにした。

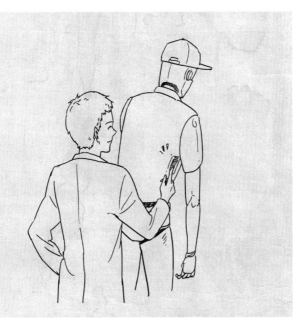

212	**develop** [dɪvéləp]	動 ～を開発する 名 development　開発
213	**physical** [fízɪkəl]	形 身体的な, 物理的な 名 physics　物理学
214	**surpass** [səˈpǽs]	動 ～を超える 形 surpassing　すぐれた, 卓越した
215	**delicate** [délɪkət]	形 繊細な, 壊れやすい
216	**advantage** [ədvǽnṯɪdʒ]	名 有利, 有利なこと 関 take advantage of　～を利用する
217	**manipulate** [mənípjəleɪt]	動 ～を操る
218	**professional** [prəféʃənəl]	名 プロ 形 プロの, 専門的な
219	**result** [rɪzʌ́lt]	名 結果 動 生じる, 終わる
220	**margin** [máːˈdʒɪn]	名 余裕,（ページの）余白

例 Before being murdered, the researcher was working with a partner to <u>develop</u> an anti-aging drug.

殺害される前、研究者はパートナーと共同で老化防止薬を開発していた。

例 In order to get rid of the victim's <u>physical</u> evidence, the culprit set the residence on fire.

被害者の身体的な証拠を消すために、犯人は屋敷に火を放ったんです。

例 Your crime was perfect. The only thing was, my deduction <u>surpassed</u> your expectations.

あなたの犯行は完璧でした。ひとつだけ残念だったのは、私の推理力があなたの予想を上回っていた、ということです。

例 The assassin must have used a <u>delicate</u> and skillful touch to slice the main artery while leaving such a small puncture wound.

こんなに小さな刺し傷を残すだけで大動脈を切断するとは、その暗殺者は繊細で熟練した技を使ったに違いない。

例 As the fugitive had a geographical <u>advantage</u>, she could sneak through the siege of the police easily.

逃走犯には地の利があったことから、警察の包囲網をいとも簡単にすり抜けられた。

例 The jealous man <u>manipulated</u> the drone's programming to take video of his girlfriend whenever she left her apartment.

嫉妬深い男は、恋人がアパートを出るときはいつでもビデオを撮るようにドローンのプログラムを操作した。

例 The prince's valet is known as a "<u>professional</u> in detecting poisonous foods."

その王子の従者は、「毒味のプロ」として知られている。

例 The mad scientist smiled at the expected <u>result</u>. "Now, it's almost time to move on to human experimentation."

マッド・サイエンティストは期待通りの結果に笑みを浮かべた。「さあ、そろそろ人体実験に移る頃だ」

例 You had 15 minutes before the police arrived. This means that you were able to hide evidence by a comfortable <u>margin</u>.

警察が到着するまでには十五分ありましたね。つまり、あなたには証拠を隠蔽できる十分な余裕があったということです。

221	**return** [rɪtə́ːˈn]	動 戻る 名 返却, 回復
222	**regretful** [rɪgrétfəl]	形 悔しがっている 動 regret ～を後悔する
223	**disappointed** [dìsəpɔ́ɪnṭɪd]	形 残念に思う 動 disappoint ～をがっかりさせる
224	**satisfying** [sǽṭɪsfaɪɪŋ]	形 満足な 動 satisfy ～を満足させる
225	**funding** [fʌ́ndɪŋ]	名 資金 動 fund ～に資金を提供する
226	**positive** [pɑ́ːzəṭɪv]	形 好ましい, 楽天的な 対 negative 否定的な
227	**hidden** [hídn]	形 隠された 動 hide ～を隠す
228	**beneath** [bɪníːθ]	前 ～の下に 対 above ～の上に
229	**armpit** [áːˈmpɪt]	名 脇の下

例 The veteran detective had a theory that the culprit always <u>returned</u> to the scene of the crime.

犯人は必ず犯行現場に戻ってくるというのがベテラン刑事の持論だった。

例 The police captain failed to prevent the phantom thief from escaping and stamped his foot due to <u>regretful</u> feelings.

怪盗が逃げ去るのを阻止できなかった警部は、悔しい気持ちから地団駄を踏んだ。

例 I'm <u>disappointed</u> that I won't be able to hear your beautiful singing voice again, but this is good-bye.

君の美しい歌声をもう聞くことができないのは残念だが、ここでお別れだ。

例 When the detective realized the incident was likened to the seven deadly sins, a <u>satisfying</u> smile appeared on his lips.

事件が七つの大罪になぞらえられていることに気づくと、刑事は口元に満足げな笑みを浮かべた。

例 The investigation found that the criminal organization had opened several bubble tea shops to raise <u>funding</u>.

その犯罪組織は資金を調達する目的で、複数のタピオカティーの店を開業していたことが捜査によって判明した。

例 In detective dramas, the case is often solved by a casual remark from a <u>positive</u> thinking but goofy subordinate.

刑事ドラマでは、楽天的だが頭が冴えているとは言えない部下の何気ないひと言で事件が解決することがよくある。

例 I found a map in the attic of my house. I was excited, because it might indicate the location of a <u>hidden</u> treasure.

家の屋根裏で地図を見つけた。それが隠された宝のありかを記したものではないかと思い、僕は舞い上がった。

例 When I dug <u>beneath</u> the cherry tree which was marked with a cross on the map, I found a lock of hair and woman's kimono.

地図にバツ印で示された桜の木の下を掘った僕が見つけたのは、一房の髪と女性の着物だった。

例 The blood stains on the floor must be made when the culprit dragged the body by grasping under its <u>armpits</u>.

床の血の跡は、犯人が死体の脇の下をつかんで引きずったときについたものに違いない。

14 *Attack of the Aliens*

27

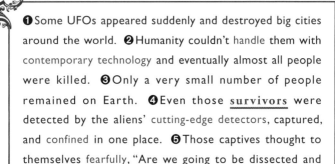

❶ Some UFOs appeared suddenly and destroyed big cities around the world. ❷ Humanity couldn't handle them with contemporary technology and eventually almost all people were killed. ❸ Only a very small number of people remained on Earth. ❹ Even those <u>survivors</u> were detected by the aliens' cutting-edge detectors, captured, and confined in one place. ❺ Those captives thought to themselves fearfully, "Are we going to be dissected and used for human experimentation?"

† **appear** 現れる　† **humanity** 人類　† **eventually** ついに　† **remain** 残る
† **detect** ～を発見する　† **capture** ～を捕獲する　† **captive** 捕虜
† **think to oneself** 心の中で思う　† **dissect** ～を解剖する

survivor

those survivors の those に注目。「地球上に残ったのは、ほんの少数の人々だけだった」という前文の内容から、この survivors は「地球上に残った少数の人々」を指していると判断できる。つまり、survivor が「生き残った人々」→「生存者」という意味だと推理できれば事件解決だ。

14 エイリアンの襲来

❶突如現れたUFOが、世界中の大都市を破壊した。

❷人類は現代の科学技術では彼らに対処できず、ついにほとんどが殺戮された。

❸地球上に残ったのは、ほんの少数の人々だけだった。

❹その生存者たちも、エイリアンが持つ最先端の探知機によって発見され、捕獲され、ひとつの場所に収容されることになった。

❺捕らえられた人々は心の中で、「自分たちは、解剖されて、人体実験に使われるのでは？」と恐ろしく思った。

Attack of the Aliens

14

❻However, contrary to their concerns, the captives were able to live comfortably. ❼Though they couldn't flee the specified residential area, they dined and lived in luxury. ❽Actually, their lives were far better than before. ❾When they got sick or injured, they were provided with advanced medical care. ❿One day, one of them walked to the border of the human residential area to find a large sign. ⓫Because she was familiar with the aliens' language, she understood what the sign meant, and what her situation was. ⓬The sign read, "<u>Endangered</u> Species Residential Quarters."

† contrary to ～に反して　† residential 居住の
† far better than ～よりもずっとよい　† provide ～をほどこす、～を提供する
† medical care 医療　† border 端、境界　† sign 看板
† be familiar with ～に詳しい　† situation 境遇、状況　† read 書いてある
† quarter 小区域

endangered

endangered は動詞 endanger の過去分詞が形容詞になったもの。まずは、endanger を en + danger に分解して考えてみよう。danger は、「危険」という意味の名詞だ。接頭辞の en- は名詞や形容詞について「～の状態にする」という意味の動詞をつくる。したがって、endanger とは「危険な状態にする」、つまり「～を危険にさらす」という意味であることがわかる。本文では Endangered Species という形で使われているが、これは「危険にさらされた種」、つまり「絶滅危惧種」という意味である。

❻しかし、彼らの心配に反して、捕らえられた人々は快適に生活することができた。

❼指定された居住区から逃げることはできなかったが、彼らは食事をしてぜいたくに暮らしていた。

❽実際、彼らの生活はかつてよりもはるかによいものだった。

❾病気や怪我をしたときには、高度な医療がほどこされた。

❿ある日、彼らの一人が人類の居住区の端まで歩いて行き、大きな看板を見つけた。

⓫彼女はエイリアンの言語に詳しかったので、その看板の意味、そして自分の境遇を理解した。

⓬看板には、「絶滅危惧種居住区」と書かれてあった。

230	**handle** [hǽndl]	動 ～に対処する 名 取っ手, ハンドル
231	**contemporary** [kəntémpəreri]	形 現代の 類 modern　現代の
232	**technology** [teknάːlədʒi]	名 科学技術 関 technique　技術
233	**survivor** [sərváivər]	名 生存者 動 survive　生き残る
234	**cutting-edge** [kʌ̀tɪŋédʒ]	形 最先端の 関 state-of-the-art　最新鋭の 対 out-of-date　時代遅れの
235	**detector** [dɪtéktər]	名 探知機 動 detect　～を見つける
236	**confine** [kənfáin]	動 ～を収容する, 　～を閉じ込める 名 confinement　監禁
237	**fearfully** [fíərfəli]	副 恐れて 名 fear　恐怖
238	**experimentation** [ɪkspèrɪmentéɪʃən]	名 実験 動 experiment　実験する

例 To <u>handle</u> the chaotic situation, the detective fired a bullet into the sky to get the people's attention.

混沌とした状況に対処するために、刑事は人々の注意を引こうと空に向かって発砲した。

例 A threatening letter was sent to the <u>contemporary</u> art museum. "Cancel the exhibition, or else someone will die."

現代美術館に脅迫状が届いた。「展示会を中止しろ、さもなければ人が死ぬ」

例 Using today's detection <u>technology</u>, you can collect the fingerprints left on the skin of dead bodies.

今日の検出技術を用いれば、遺体の皮膚に残された指紋を採取することができる。

例 The villagers disappeared one after another. The last man reported as the only <u>survivor</u> was in fact the murderer.

村人は一人、また一人と消えた。最後まで残り、唯一の生存者と報道された男は、実は殺人者であった。

例 The <u>cutting-edge</u> scientific investigation methods uncovered the truth about the case that had been unsolved for 15 years.

最先端の科学捜査法によって、十五年間未解決のままであった事件の真相が明らかになった。

例 The lie <u>detector</u> immediately glowed red at the suspect's words, "I didn't kill her," and revealed it was a lie.

「僕は彼女を殺してなんかいません」という容疑者の供述に嘘発見器はたちまち赤く光り、それが嘘であることを見破った。

例 While being <u>confined</u> in prison for two years, the inmate kept digging through the wall bit by bit with a spoon.

二年間刑務所に収容されていた間、囚人はスプーンで少しずつ壁に穴を掘り続けた。

例 She was taken to the police station and said <u>fearfully</u> to the detective, "It was not me, but it might have been my twin sister..."

警察署に連行された彼女は、「私ではありません、双子の姉ではないでしょうか……」と、恐る恐る刑事に言った。

例 The ferocious monster I created through multiple gene manipulation <u>experimentations</u> was beyond imagination.

遺伝子操作の実験を繰り返して生み出した凶暴な怪物は、私の想像を超えていた。

| 239 | **concern**
[kənsə́ːˈn] | 名 懸念 |
| | | 形 concerned 心配している |

| 240 | **comfortably**
[kʌ́mfəˈtəbli] | 副 快適に |
| | | 形 comfortable 快適な |

| 241 | **flee**
[fliː] | 動 〜から逃げる |
| | | 類 run away 逃げる |

| 242 | **specified**
[spésəfaɪd] | 形 指定の, 特定の |
| | | 動 specify 〜を指定する |

| 243 | **dine**
[daɪn] | 動 食事をする |
| | | 名 dinner 食事 |

| 244 | **luxury**
[lʌ́gʒəri] | 名 贅沢 (ぜいたく) |
| | | 形 luxurious 豪華な |

| 245 | **advanced**
[ədvǽnst] | 形 高度な |
| | | 動 advance 〜を進める |

| 246 | **endangered**
[ɪndéɪndʒəˈd] | 形 絶滅寸前の |
| | | 動 endanger 〜を危険にさらす |

| 247 | **species**
[spíːʃiːz] | 名 種 (しゅ) |
| | | 類 classification （生物の）分類 |

例 "The killing isn't over yet!" The detective's <u>concern</u> proved to be true, as a fifth victim was found dead the next morning.

「殺人はまだ終わっていない！」翌朝、五人目の被害者が遺体で発見され、探偵の懸念は正しかったことが証明された。

例 I didn't know that I could live so <u>comfortably</u> by outsourcing house cleaning. Well, let's ask if they can dispose of dead bodies.

家の掃除を外注したらこんな快適に暮らせるなんて知らなかった。そうだ、死体の処理もやってもらえるか、聞いてみよう。

例 The jewel thief who stole a pink diamond tried to <u>flee</u> the country, but was arrested at the airport as he forgot his passport.

ピンクダイヤモンドを盗んだ宝石泥棒は海外へ逃げようとしたが、パスポートを忘れたため空港で逮捕された。

例 The bartender asked me to keep this package for a <u>specified</u> period of time, and because she was my type I had to...

特定の期間この荷物を預かっていてほしいとバーテンダーに言われて、好みのタイプだったから仕方なく……。

例 The thief <u>dined</u> with a satisfied grin, surrounded by the many masterpieces she had stolen that day.

泥棒はその日盗んだ名画の数々に囲まれ、満足げな笑みを浮かべて食事をした。

例 The thief drank expensive wine and indulged in <u>luxury</u>. The next morning, she woke up to find all the treasures gone.

泥棒は高価なワインを飲み、贅沢にふけった。翌朝、彼女が目覚めると、お宝はそっくりなくなっていた。

例 The killer got into the time machine out of curiosity. "In <u>advanced</u> civilizations, they may have invented novel weapons."

殺人鬼は好奇心からタイムマシンに乗り込んだ。「高度な文明では、今までにない武器を発明しているかもしれない」

例 The aliens from outer space tried to save the <u>endangered</u> ape using a ray gun that double the number of living things.

地球外からやってきた宇宙人は、命あるものの個体数を倍に増やす光線銃を使って、絶滅寸前の類人猿を救おうとした。

例 However, the aliens couldn't tell the ape from humans. There was an unprecedented population explosion of the human <u>species</u>.

しかし、宇宙人は類人猿と人間を見分けることができなかった。人類に前代未聞の人口爆発が起こった。

❶An inventor was living at the edge of the town. ❷ People called him "a phony scientist" and laughed that what he made was only junk. ❸At some point, however, he started having an <u>affluent</u> lifestyle. ❹For example, his rotten old factory suddenly got refurbished. ❺Some kids in the town wondered, "Did he succeed in inventing something innovative?" and asked him why. ❻The inventor answered, "I've worked hard for thirty years, and it finally paid off!"

† the edge of 〜の外れ   † at some point ある時点で
† invent 〜を発明する   † finally ついに   † pay off 成果を上げる、うまくいく

affluent

物語には、「発明家は affluent な生活を送るようになった」とある。彼はどのような生活を送るようになったのか。次の文で「たとえば、ボロボロだった古い工場が突然改装された」と具体例が挙げられていることに注目しよう。当然、改装にはお金がかかることから、発明家は「お金がある生活」を送るようになったと推測できるだろう。そう、affluent とは「裕福な、豊富な」という意味の形容詞なのだ。

❶ ある発明家が町外れに住んでいた。

❷ 人々は彼を「インチキ科学者」と呼び、ガラクタばかりを作ると笑っていた。

❸ しかし、あるときを境に、発明家は裕福な生活を送るようになった。

❹ たとえば、ボロボロだった古い工場が突然改装された。

❺ 町の子どもたちは、「何か革新的な発明に成功したのだろうか？」と不思議に思い、その理由を尋ねた。

❻ 「私は三十年間懸命に働いてきたが、ついにその苦労が実を結んだんだよ！」発明家は答えた。

15 30 years of Patience

❼ "Thirty years ago, I developed a revolutionary invention. ❽ To put this into practical use, I asked a businessman for an investment, but he didn't listen to me at all and even ridiculed me. ❾ I lost my temper and beat him to death with a vase. ❿ Then I stole a gold bar from his safe. ⓫ The statute of limitations on this case finally expired. ⓬ I waited to <u>convert</u> the gold bar into money for thirty long years, and that patience finally paid off. ⓭ Oh, don't tell anybody about this. ⓮ Otherwise, I'll use this Human Erasing Machine on you..."

† develop 〜を開発する † invention 発明品
† put A into practical use A を実用化する † at all まったく
† lose one's temper かっとなる † beat A to death A を撲殺する
† gold bar（棒状の）金塊 † statute of limitation 時効
† otherwise さもないと

convert

convert は con ＋ vert に分解できる。con- は、強調を表す接頭辞。vert は「回る」という意味を表す語根だ。ここから convert は「ぐるりと回す」、すなわち、「何かを何かに変える、転換する」という意味になる。物語では、convert the gold bar into money「金塊を金に換える」という形で使用されているので、現場に戻って再度確認してみよう。

15 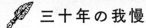 三十年の我慢

❼「三十年前、私は、ある画期的な発明をした。

❽それを実用化するために、ある実業家に投資を持ちかけたんだが、まったく相手にしてもらえず、私をあざ笑いさえしてな。

❾それでかっとなって花瓶でその実業家を撲殺してしまったんじゃよ。

❿そのとき、やつの金庫から金塊を盗んでな。

⓫その事件の時効がようやく成立したのさ。

⓬私は三十年もの長い間、金塊を金に換えるのを待って、その我慢がようやく報われたのさ。

⓭おっと、この話は誰にも言うんじゃないぞ。

⓮さもないと、この人間消滅マシンでおまえたちを……」

248	**inventor** [ɪnvéntə˞]	名 発明家 動 invent ～を発明する
249	**phony** [fóʊni]	形 インチキの, 偽の 名 偽物, 詐欺師
250	**junk** [dʒʌŋk]	名 ガラクタ
251	**affluent** [ǽfluənt]	形 裕福な 類 wealthy 裕福な
252	**lifestyle** [láɪfstaɪl]	名 生活, 生活様式
253	**rotten** [rá:tn]	形 ボロボロの, 腐った 動 rot 腐る
254	**refurbish** [ri:fɔ́ːˈbɪʃ]	動 ～を改装する 類 renovate ～を改装する
255	**wonder** [wʌ́ndə˞]	動 不思議に思う
256	**innovative** [ínəveɪtɪv]	形 革新的な 名 innovation 革新

例 The <u>inventor</u> not only supports the detective boys with his unique inventions, but also takes on the role of their guardian.

その発明家はユニークな発明品で少年探偵団をサポートするだけでなく、彼らの保護者の役目も務めている。

例 The suspect who disappeared from the hotel after the incident left a <u>phony</u> name and address in the guest book.

事件発生後にホテルから姿を消した容疑者は、宿泊名簿に偽の名前と住所を残していた。

例 Nobody imagined the elderly person who lived in the shabby house surrounded by <u>junk</u> was a billionaire.

ボロボロの家でガラクタに囲まれて暮らすその老人が億万長者だなんて、誰も想像すらしなかった。

例 Obviously, the victims were an <u>affluent</u> couple with no kids. Do you know why this toy car was left here?

見るからに被害者は裕福な夫妻で子どもはいない。では、このおもちゃの車がなぜここに残されていたのか、君にわかるかい？

例 As people's <u>lifestyles</u> got diversified by technological development, crimes became more and more diverse.

技術の進歩によって人々の生活が多様化したのと同時に、犯罪もますます多様化した。

例 A few <u>rotten</u> eggs were always placed beside the victims, which implied how many days were left until the next murder.

被害者のそばには必ず数個の腐った卵が置かれ、それは次の殺人が起こるまでに残された日数を暗示していた。

例 The young CEO asked for enough room for one person to lie under the tatami floor when his house was being <u>refurbished</u>.

自宅を改装する際、若き CEO は畳の下に人が一人寝そべって入れるだけのスペースを空けておくように依頼した。

例 I stood <u>wondering</u>. In the photo the police showed me, I noticed the man who happened to pick up my wallet yesterday.

私は不思議に思って立ち尽くした。警察に見せられた写真に写っていたのが、昨日たまたま財布を拾ってくれた男性だと気づいたからだ。

例 The memo read, "I found an <u>innovative</u> proof for this theorem, but this paper is not large enough to write it down."

「私はこの定理の革新的な証明を見つけたが、この紙はそれを書くには十分な大きさではない」とメモには書かれていた。

257	**revolutionary** [rèvəlúːʃəneri]	形 画期的な, 革命的な 名 revolution 革命
258	**businessman** [bíznəsmæn]	名 実業家 類 businessperson
259	**investment** [ɪnvéstmənt]	名 投資 動 invest 〜を投資する
260	**ridicule** [rídɪkjuːl]	動 〜をあざ笑う, 〜を嘲笑する 形 ridiculous ばかげた
261	**vase** [veɪs]	名 花瓶
262	**safe** [seɪf]	名 金庫 形 安全な
263	**expire** [ɪkspáɪəʳ]	動 (期間が)終了する 名 expiry 終了, 満了
264	**convert** [kənvə́ːʳt]	動 〜を変える 形 convertible 変えられる
265	**patience** [péɪʃəns]	名 我慢 形 patient 忍耐強い

例 DNA typing has brought a <u>revolutionary</u> change to investigations, but some criminals abuse it to place the blame on others.

DNA 型鑑定は捜査に画期的な変化をもたらしたが、それを悪用して他人に罪をなすりつけようとする犯罪者もいる。

例 One day, two women visited a young successful <u>businessman</u>. They both claimed to be his long-lost mother.

ある日、若くして成功をおさめた実業家のもとに、二人の女性が訪ねてきた。二人ともが、長い間消息不明の母親であると主張したのだ。

例 The lady introduced herself as an <u>investment</u> specialist, but in fact she was just a swindler.

その婦人は投資の専門家を名乗ったが、実際はただの詐欺師であった。

例 "You murdered my daughter. Killers must die!" <u>ridiculed</u> the woman, and slashed at the frightened man with a dagger.

「あんたは私の娘を殺したの。人殺しなんて死んで当然でしょ！」女は嘲笑し、怯える男に短剣で切りつけた。

例 A broken piece of chinaware was found beneath the body. It seemed to be a fragment from a <u>vase</u> used as the weapon.

遺体の下から陶器の破片が見つかった。それは、凶器として用いられた花瓶の一部だと思われた。

例 The millionaire had boasted, "My jewels are secure, as they are stored in a <u>safe</u>," until a thief stole them, <u>safe</u> and all.

「宝石は金庫に保管してあるから安全だよ」などと富豪は豪語していたが、それも泥棒に金庫ごとすべてを盗まれるまでであった。

例 The contract with those bastards will finally <u>expire</u> tomorrow. It will be nice to live the rest of my life in my hometown.

あいつらとの契約も、明日でようやく終了する。故郷の町で余生を過ごすのも悪くないだろう。

例 The missing doctor was involved in the production of a poison, which is <u>converted</u> into harmless substances inside the body.

行方不明の医師は、体内で無害な物質に変わる毒物の製造に加担していた。

例 The daughter of a wealthy family, who was confined in a cargo container, had enough <u>patience</u> to wait for help to come.

貨物コンテナに監禁された資産家令嬢は、ただじっと助けが来るのを我慢して待っていた。

16 *One-eyed Goblin*

31

❶In Edo town, one show tent was very popular. ❷That was because that tent had a one-eyed goblin, a real monster. ❸The master of another tent got jealous of his <u>competitor's</u> success. ❹He went into the depths of a mountain because he heard a rumor that there was a village of one-eyed goblins, and wanted to capture one of them there. ❺However, even after three months had passed, the master didn't come back.

† **one-eyed** 一つ目の　† **goblin** 小僧、小鬼　† **show tent** 見世物小屋
† **real** 本物の　† **monster** 妖怪、怪物　† **village** 村　† **come back** 戻る

competitor

物語には、「別の見世物小屋の主は、competitor の成功に嫉妬した」とある。動詞について「～する人」を表す接尾辞 -or から、この単語は人物を表しているとわかる。実は、この competitor の正体はすでに物語に登場している人物だ。「江戸の町で、ある見世物小屋が大人気となっていた」という物語の冒頭に注目。「成功」とは「ある見世物小屋が大人気になった」ことを指し、別の見世物小屋の主は、成功した見世物小屋の主に嫉妬したのだ。つまり二人は同じ職業で、competitor は「競争相手」という意味だと推測できる。

16 一つ目小僧

❶ 江戸の町で、ある見世物小屋が大人気となっていた。

❷ その見世物小屋には、本物の妖怪「一つ目小僧」がいたからだ。

❸ 別の見世物小屋の主は、ライバルの成功に嫉妬した。

❹ 一つ目小僧の村があるという噂を聞いた彼は山の奥へと入っていき、そこで一つ目小僧を捕まえようとした。

❺ しかし、三カ月経っても、見世物小屋の主は戻ってはこなかった。

16

One-eyed Goblin

❻One employee of his show tent got anxious about his master and went deep into the mountain after him. ❼Ten days later, he finally found the village. ❽It was a small village, but many one-eyed goblins lived there. ❾ However, the master was nowhere to be found. ❿He thought, "There seem to be large crowds gathering in the center of the village. If I go there, I might have a chance to find a clue." ⓫The employee hid his face and peeked at the place. ⓬With great cheers, something in a cage was brought there. ⓭It was actually his master, whose hair and beard were disheveled. ⓮A sign standing near the cage read, "Two-eyed goblin." ⓯"This is the show tent of this village," the employee **realized**.

† hide 〜を隠す † cheer 歓声 † cage 檻 † beard あご髭
† disheveled ボサボサの、剃られていない † sign 看板

realize

realize は p.56 ですでに取り上げた単語だが、覚えているだろうか。real は文字通り「リアル」、「現実」という意味。-ize は動詞をつくる接尾辞だ。つまり realize は「リアルにする」、「現実にする」ということ。目的などを「実現する、達成する」という意味でも使われるが、自分の頭の中で「リアルにする」、つまり「はっきり理解する」という意味もある。今回の物語では、「今まで理解していなかった状況を悟った」という状態を表す語として使われている。

134

❻ 見世物小屋の従業員は主のことが心配になり、主のあとを追って山の奥へ入った。

❼ 十日後、彼はついにその村を発見した。

❽ 小さな村ではあったが、大勢の一つ目小僧たちが暮らしていた。

❾ しかし、主の姿はどこにも見当たらない。

❿ 「村の中心部に多くの人々が集まっているようだ。そこに行けば、手がかりを見つけるチャンスがあるかもしれない」と彼は考えた。

⓫ 従業員は顔を隠し、こっそりその場所を覗いた。

⓬ 大歓声とともに、檻に入れられた何かが運ばれてきた。

⓭ それは、髪と髭がボサボサに伸びた主だった。

⓮ 檻のそばの立て札には、「二つ目小僧」と書かれていた。

⓯ 「ここは、この村の見世物小屋だ」と従業員は気づいた。

| 266 | **popular**
[pá:pjələʳ] | 形 人気のある |
| | | 名 popularity　人気 |

| 267 | **because**
[bɪkɔ́:z,-kʌ́z] | 接 なぜなら〜だから |

| 268 | **master**
[mǽstəʳ] | 名 主人, 名人 |
| | | 関 masterpiece　名画, 傑作 |

| 269 | **jealous**
[dʒéləs] | 形 嫉妬した |
| | | 名 jealousy　嫉妬 |

| 270 | **competitor**
[kəmpéṭəṭəʳ] | 名 ライバル, 競合相手 |

| 271 | **success**
[səksés] | 名 成功 |
| | | 動 succeed　成功する |

| 272 | **rumor**
[rú:məʳ] | 名 噂 |

| 273 | **capture**
[kǽptʃəʳ] | 動 〜を捕まえる |
| | | 名 捕獲 |

| 274 | **pass**
[pǽs] | 動 (時が) 経つ, 通り過ぎる |

例 I don't know why you, a <u>popular</u> and promising actor, committed such a crime.

人気があって将来を約束された役者であるあなたが、なぜこんな罪を犯したのか、僕にはわからないんです。

例 You are the culprit. It is certain <u>because</u> only the culprit knows the fact that a frozen squid was used as the weapon.

犯人はあなたです。なぜなら、凍ったイカが凶器として使われたことを知っているのは、犯人だけだからです。

例 The officer is called "<u>Master</u>" for his encyclopedic knowledge and standout survival skills.

その士官は百科事典顔負けの知識と卓越したサバイバル技術ゆえに「マスター」と呼ばれている。

例 TV gossip shows reported that the sculptor got so <u>jealous</u> over his pupil's talent that he killed him.

彫刻家は弟子の才能に嫉妬して彼を殺害したとテレビのワイドショーが伝えた。

例 The woman leaked the information about her company's research to their <u>competitor</u> and received a huge reward.

あの女は自分の会社の研究に関する情報を競合相手にリークして巨額の報酬を得たんだ。

例 It turns out that the scam group mainly targets entrepreneurs who have failed to achieve <u>success</u> in their own business.

その詐欺グループは、事業を成功させられなかった起業家を主にターゲットにしていることがわかりました。

例 Haven't you heard the <u>rumor</u> of a dog whose face resembles that of a human?

人面犬の噂、聞いたことありませんか？

例 The statute of limitations is only one week away. We must <u>capture</u> the culprit before it expires!

時効まであと一週間しかない。俺たちは時効成立までに必ず犯人を捕まえなければならないんだ！

例 Eight hours have <u>passed</u> since the first phone call. We only have two hours left until the deadline to deliver the ransom.

最初の電話から八時間が経過した。身代金受け渡しの時間まであとたった二時間しかない。

275	**employee** [ɪmplɔ́ɪiː]	名 従業員 関 employer 雇い主
276	**anxious** [ǽŋkʃəs]	形 心配している, 不安に思う
277	**finally** [fáɪnəli]	副 ついに, 最終的に 類 eventually 結局は
278	**nowhere** [nóʊhweəʳ]	副 どこにも〜ない
279	**crowd** [kraʊd]	名 群衆 動 〜に群がる
280	**gather** [gǽðəʳ]	動 集まる 名 gathering 集会
281	**chance** [tʃæns]	名 チャンス, 機会
282	**clue** [kluː]	名 手がかり
283	**peek** [piːk]	動 のぞく 名 のぞき見

例 The thief pretended to be an <u>employee</u> and went into the staff entrance.

泥棒は従業員になりすまし、従業員用の通用口から中へ入った。

例 At midnight, I heard someone groan and got so <u>anxious</u> that I couldn't sleep the whole night.

真夜中に私は誰かのうめき声を聞いて不安になり、一晩中眠れなかった。

例 After a long interrogation, the man <u>finally</u> confessed his crime.

長い取り調べの後、男はついに罪を白状した。

例 Police investigators searched the suspect's house thoroughly for the murder weapon, but it was <u>nowhere</u> to be found.

捜査員は容疑者の自宅をくまなく捜索したが、凶器はどこにも見つからなかった。

例 The detectives forced their way through the <u>crowd</u> and chased the man dressed in black.

刑事たちは群衆をかき分けて黒ずくめの男を追いかけた。

例 Everyone who <u>gathered</u> at the manor house on an isolated island had an invitation from an unknown sender.

孤島の邸宅に集まった人たちは皆、差出人不明の招待状を持っていた。

例 The girl was locked up in a nailed coffin so she thought she wouldn't have a <u>chance</u> to escape.

釘を打った棺桶に閉じ込められ、少女は逃げ出せる機会はないだろうと悟った。

例 The detective said as if he were a teacher, "Actually, important <u>clues</u> are found in trivial things.

「実際は、取るに足らないものの中にこそ重要な手がかりがあるものだよ」と、探偵はまるで教師のような口調で言った。

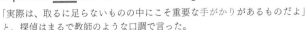

例 When the housekeeper <u>peeked</u> into the living room, she saw her employer was drinking wine with an unfamiliar young lady.

家政婦がリビングをのぞくと、彼女の雇い主が見知らぬ若い女性とワインを飲んでいた。

17 *Police Investigation*

33

❶ The suspect for a murder was arrested, and a detective was examining him in an **interrogation** room.

❷ The suspect: It is about time you told me the truth.

❸ The detective: What do you mean by the truth?

❹ The suspect: I mean YOU are the murderer, not me!

❺ The detective: Do you have any proof?

❻ The suspect: Yes, I have. I saw all the details.

❼ The detective: I see. I guess I was unlucky.

❽ The detective grinned.

† investigation 取り調べ、調査　† arrest ～を逮捕する　† detective 刑事
† about time そろそろ～してもいい頃　† unlucky 運の悪い

interrogation

あまりなじみのない単語かもしれないが、「interrogation 室では、刑事が容疑者を尋問していた」という文脈から大方の意味は把握できるかもしれない。念のため、inter ＋ rog ＋(a)tion と分解してみよう。まず、inter- は「間」を表す接頭辞。次に、rog は「尋ねる」という意味。ここに、単語を名詞化する役割をもつ接尾辞 -tion がついて、interrogation とは「間に入って尋ねること」、すなわち「質問」という意味を表す名詞である。刑事が容疑者に質問する部屋といえばそう、「取り調べ室」のことだ。

17 取り調べ

❶ 殺人事件の容疑者が逮捕され、取り調べ室では、刑事が容疑者を尋問していた。

❷ 容疑者「そろそろ本当のことを言ったらどうなんだ」

❸ 刑事「本当のことって何だ?」

❹ 容疑者「殺したのはお前で、オレじゃないってことだ!」

❺ 刑事「証拠でもあるのか?」

❻ 容疑者「ああ、あるとも。すべての詳細を見ていた」

❼ 刑事「なるほど。オレは、運が悪かったんだろうな」

❽ 刑事はニヤリと笑った。

17 *Police Investigation*

❾The detective thought he was unlucky, but then he changed his mind and grinned. ❿"I was actually lucky. ⓫I felt someone had seen me at that time, but I never expected this man was the one, who had been arrested by mistake. ⓬I had to find the witnesses and kill them to destroy the evidence, but there is no need for that anymore. ⓭All I have to do now is take care of him in this interrogation room. ⓮No one can see us, so I could **excuse** myself by stating he assaulted me. ⓯Killing him would be easy because his hands are in handcuffs." ⓰The suspect persisted in yelling, "You are the murderer!" without knowing what the detective was thinking about.

† change one's mind 考え直す † by mistake 誤って
† destroy ～を隠滅する、～を破壊する † evidence 証拠
† take care of ～を処理する、～の世話をする † excuse oneself 弁解する

excuse

excuse は、ex + cuse に分解してその意味を推理してみよう。ex- は「外へ」を意味する接頭辞。cuse は名詞 cause と同じ「原因」を意味する語根である。よって excuse は「(悪いことの)原因から外へ出す」、つまり「～を許す」という意味だとわかる。物語では excuse oneself で「弁解する、言い訳する」という意味で使われている。

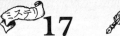 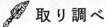
❾ 刑事は自分は運が悪かったと思ったが、考え直すとニヤリと笑った。

❿ 「むしろ、オレは運がよかった。

⓫ あの時、誰かに見られていたとは感じていたが、それが、この誤認逮捕された男だったとは思いもしなかった。

⓬ 目撃者を探して証拠隠滅のために始末しなくてはならない、と考えていたが、もはやその必要はない。

⓭ 今やるべきは、この取り調べ室でコイツを始末することだけだ。

⓮ 誰も見ていないから、容疑者が襲いかかってきたとでも言えば、弁解できるだろう。

⓯ 手錠をかけられているコイツを殺すのは簡単なことだろう」

⓰ そんな刑事の考えなど知らず、容疑者は「犯人はお前だ！」などとわめき続けていた。

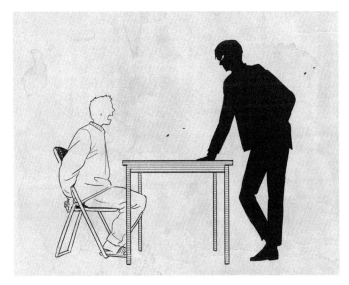

284	**suspect** [sʌ́spekt]	名 容疑者 動 〜を疑う
285	**murder** [mə́ːʳdəʳ]	名 殺人事件, 殺人 動 〜を殺す
286	**examine** [ɪgzǽmɪn]	動 〜を尋問する, 〜を調査する 名 examination 試験, 調査
287	**interrogation** [ɪntèrəgéɪʃən]	名 取り調べ, 尋問 動 interrogate 〜を尋問する, 〜を取り調べる
288	**truth** [truːθ]	名 真実
289	**proof** [pruːf]	名 証拠 動 prove 〜を証明する
290	**detail** [díːteɪl]	名 詳細 関 all the details 一部始終
291	**guess** [ges]	動 〜だと思う, 〜と推測する 名 推測
292	**grin** [grɪn]	動 にやりと笑う

例 Surveillance video footage showed that the <u>suspect</u> was out of the city at the time of the crime.

容疑者は犯行時刻に市外にいたことが監視カメラの映像から判明した。

例 As the same weapon was used in the two <u>murders</u>, they say that the culprit was likely to be the same person.

二件の殺人事件で同じ凶器が使われていたことから、同一犯である可能性が高いと噂されている。

例 The detective has spent hours <u>examining</u> a French dictionary he picked up from the crime scene.

探偵はもう何時間も犯行現場から拾ってきたフランス語の辞書を調べている。

例 I just wanted to know if *Katsudon* would be really served during a police <u>interrogation</u>.

本当に警察の取り調べ中にカツ丼が出てくるのか、僕はただそれが知りたかっただけなんです。

例 The only witness to the case of the mysterious disappearance went missing, so the <u>truth</u> was never revealed.

神隠し事件の唯一の目撃者が失踪したため、真実が明らかになることはなかった。

例 The English term "smoking gun" means "conclusive <u>proof</u>."

英語で「煙が出ている銃」というと、「決定的な証拠」という意味だ。

例 The detective repeatedly reviewed the file containing <u>details</u> of the case to see if there was anything he had overlooked.

何か見落としがないか、刑事は事件の詳細を収めたファイルに何度も目を通した。

例 I <u>guess</u> you were jealous of her popularity. You couldn't allow your disciple to become more and more famous.

あなたは彼女の人気に嫉妬したんでしょう。自分の弟子がどんどん有名になっていくのを、あなたは許せなかった。

例 Cornered on the rooftop, the thief <u>grinned</u>, because the sound of his approaching getaway helicopter was getting louder.

屋上に追い詰められながらも、怪盗はにやりと笑った。逃走用のヘリコプターの音が近づいてきたからだ。

293	**lucky** [lʌ́ki] 🔍🔍🔍	形 運のよい 名 luck 運
294	**never** [névəʳ] 🔍🔍🔍	副 決して～ない, 一度も～ない
295	**expect** [ɪkspékt] 🔍🔍🔍	動 ～だと思う, ～を予期する 名 expectation 予想
296	**witness** [wítnəs] 🔍🔍	名 目撃者 動 ～を目撃する
297	**anymore** [ènimɔ́ːʳ] 🔍🔍	副 もはや
298	**state** [steɪt] 🔍🔍	動 ～を言う, ～を述べる 名 状態
299	**assault** [əsɔ́ːlt] 🔍🔍	動 ～に襲いかかる 名 襲撃
300	**handcuff** [hǽndkʌf] 🔍	名 (通例複数形で) 手錠 動 ～に手錠をかける
301	**persist** [pəʳsíst] 🔍🔍	動 しつこく繰り返す 関 persist in *doing* ～し続ける

例 The audience in the back row were <u>lucky</u> because they didn't see the actor's body that was crushed by the lights.

後列に座っていた観客たちは運がよかった。照明に潰された俳優の遺体が見えなかったからだ。

例 My daughter has <u>never</u> drunk alcohol. I can't believe that she was drunk driving and lost her life.

娘はお酒を飲んだことなんて一度もないんです。飲酒運転をして命を落としたなんて信じられません。

例 I meant it to be a surprise gift for his birthday. I never <u>expected</u> the shock would cause him to have a heart attack.

誕生日のサプライズのつもりだったんです。心臓発作を起こすほど彼が驚くなんて、思ってもみませんでした。

例 Even though the mall was packed with customers on Sunday, there were no <u>witnesses</u> to the bomber.

日曜のショッピングモールは大勢の客で賑わっていたにも関わらず、爆弾魔の目撃者は誰もいなかった。

例 During the full-moon, the man was not human <u>anymore</u>. He became a werewolf and ravaged the village.

満月の夜、男はもはや人間ではなくなった。狼男となって、村を荒らし回ったのだった。

例 The description of the culprit that the hairdresser <u>stated</u> was a lie. She was the real criminal!

あの美容師が言った犯人の説明はでたらめだ。あの女こそが真犯人だったんだよ！

例 The moment the police stepped into the room, someone swung his bat and started <u>assaulting</u> them.

警察が部屋に足を踏み入れた瞬間、何者かがバットを振り回して警察官たちに襲いかかった。

例 A middle-aged man in <u>handcuffs</u> got into the police car looking down with his hood pulled over his eyes.

手錠をかけられた中年男性は、フードを目深にかぶりうついむいたままパトカーに乗り込んだ。

例 As the detective <u>persisted</u> in asking me about my alibi at the time of the crime, I said, "I've told the police everything."

探偵が犯行時刻のアリバイについてしつこく繰り返し尋ねるので、「すべて警察に話しました」と私は言った。

18 *The Secret of Longevity*

35

❶It was the very first time in the town that there was a person who reached one hundred years old. ❷To write an article **commemorating** the old man's longevity, a journalist visited him. ❸"What's the secret to living such a long time? ❹Haven't you ever felt that you could die? ❺I mean, from something like getting diseases." ❻The old man recalled the days long past and answered, "I've never had a serious illness in my life. ❼I faced a life-threatening crisis once, though…"

† reach ～に達する　† long past 遠い過去　† serious 重大な
† illness 病気　† face ～に直面する　† life-threatening 命を脅かす
† once 一度

commemorate

接頭辞 com-「一緒に」はくっつく単語によって co や con の形に変化し、たとえば co-「一緒に」と operate「働く」で cooperate「協力する」といった意味を形成する。memorate の部分は、動詞 memorize「記憶する」と似ていないだろうか。これらを合わせた「一緒に何かを思い出す」というイメージから、人と一緒に何かを「記念する、祝う」という意味だと推理できるはずだ。

18 長寿の秘訣

❶ 百歳に達する人が出たのは、その町ではじめてのことであった。

❷ その老人の長寿を記念する記事を書くため、新聞記者が老人のもとへ赴いた。

❸ 「あなたがこれほど長生きできた秘訣は何ですか？

❹ これまでに死ぬかもしれないと思ったことはなかったのですか？

❺ つまり、病気にかかるとかで」

❻ 老人は、遠い過去の記憶を掘り起こして答えた。「大きな病気は、人生で一度もしたことがないのぉ。

❼ ただ、一度だけ、命の危機に直面したことはあったが……」

18 *The Secret of Longevity*

❽ "...It's been eighty years since that case happened. ❾ Have you ever heard of the serial phantom slasher cases that occurred in this town?" ❿ It was the most odious part of history in the town. ⓫ More than ten precious lives were lost and many others were injured. ⓬ "Of course, I know. ⓭ The culprit wasn't caught in the end, and the case went unsolved, right? ⓮ Don't tell me you were seriously injured in that..." ⓯ The old man interrupted the journalist and said <u>laughingly</u>, "It's the other way around. ⓰ I was the one who injured them. ⓱ The police investigated me once, but I eluded them somehow. ⓲ If I had been arrested, I would definitely have been executed."

† serial 連続的な † phantom slasher 通り魔 † occur 起こる
† in the end 結局 † go unsolved 迷宮入りする
† the other way around 逆に † investigate ～を調べる
† elude ～を逃れる † somehow なんとかして † arrest ～を逮捕する

laughingly

laughing は形容詞で「笑っている」の意味。-ly は形容詞の末尾について副詞をつくる接尾辞だ。つまり laughingly は「笑いながら、笑って」を意味する副詞。接尾辞 -ly は数多くの副詞に含まれている。badly「ひどく」や happily「幸せそうに」などの副詞からためしに -ly を取ると、誰もが知っている形容詞になることが一目瞭然だ。

❽「……その事件が起きてから、もう八十年になる。

❾ この町で起きた連続通り魔事件のことは聞いたことがあるかね？」

❿ それは、この町の歴史の最も忌まわしい部分だった。

⓫ 十人以上の尊い命が失われ、多くの人々が負傷した。

⓬「もちろん、知っています。

⓭ 結局、犯人は捕まらず、事件は迷宮入りしたんですよね？

⓮ まさか、あなたはあの事件で重傷を負った……」

⓯ 老人は記者をさえぎり、笑いながら言った。「逆じゃ。

⓰ ワシは傷つけた側だったんじゃよ。

⓱ 一度は警察に調べられたが、なんとか逃れたんじゃ。

⓲ もし逮捕されていたら、確実に死刑だったじゃろうなあ」

302	**article** [áːˈṛɪkəl]	名 記事
303	**commemorate** [kəmémərett]	動 ～を記念する，～を祝う 形 commemorative 記念の
304	**longevity** [lɑːndʒévəṭi]	名 長寿
305	**journalist** [dʒə́ːˈnəlɪst]	名 新聞記者
306	**secret** [síːkrət]	名 秘密 関 keep a secret 秘密を守る
307	**ever** [évəˈ]	副 これまでに
308	**disease** [dɪzíːz]	名 病気 類 illness 病気
309	**recall** [rɪkɔ́ːl]	動 ～を思い出す
310	**crisis** [kráɪsɪs]	名 危機 複 crises

例 According to newspaper <u>articles</u>, the suspicious deaths always happened on Mondays.

新聞記事によると、不審死は必ず月曜日に起こっていた。

例 The party <u>commemorating</u> the 100th anniversary of the company became the stage where the tragedy took place.

会社の百周年を記念するパーティが、惨劇の舞台となった。

例 A small amount of arsenic was detected in the birthday cake made to celebrate the elderly's <u>longevity</u>.

高齢者の長寿を祝うために作られた誕生日ケーキから、微量のヒ素が検出された。

例 A <u>journalist</u> who was investigating an unsolved case suddenly went missing.

ある未解決事件を追っていた新聞記者が、突然行方不明になった。

例 The soul of my husband who died in the accident is inside our son's body. This is a <u>secret</u> between us.

事故で亡くなった夫の魂が息子の肉体に宿っている。これは、私たちだけの秘密だ。

例 Today is the best day I've <u>ever</u> had in my life. My innocence has been proven.

今日は私がこれまで生きてきた中で最高の日です。私の無実が証明されたんですから。

例 The wife was poisoning every meal for her husband little by little in order to make it look like he died from <u>disease</u>.

病気で死んだように見せかけるために、妻は夫のすべての食事に少しずつ毒を盛っていた。

例 I could <u>recall</u> neither my name nor age. In the mirror, I found a mysterious barcode engraved on my forehead.

私は自分の名前も年齢も思い出せなかった。鏡を見ると、額に謎のバーコードが刻まれていた。

例 In the storm, the climber found a cave. He seemed to overcome his <u>crisis</u>, but the next day, he was discovered dead.

嵐の中、登山家は洞窟を見つけた。危機を免れたかに思われたが、翌日、彼は死体となって発見された。

311	**odious** [óudiəs]	形 忌まわしい, 憎むべき

312	**precious** [préʃəs]	形 尊い, 貴重な

313	**injure** [índʒəʳ]	動 ～を傷つける 関 be seriously injured　重傷を負う

314	**culprit** [kʌ́lprɪt]	名 犯人

315	**seriously** [síəriəsli]	副 重く, 深刻に 形 serious　真面目な, 真剣な

316	**interrupt** [ìnţərʌ́pt]	動 ～をさえぎる 名 interruption　妨害, 中断

317	**laughingly** [lǽfɪŋli]	副 笑いながら

318	**definitely** [défənətli]	副 確実に 形 definite　確実な

319	**execute** [éksɪkjuːt]	動 ～を死刑にする 名 execution　死刑執行

例 He was an <u>odious</u> man because he always took my girlfriends away. Therefore, I killed him!

あいつはいつも俺の彼女を横取りする忌まわしい奴だった。だから殺したんだ！

例 Surveillance cameras set up all over the city would be a <u>precious</u> help to track a walking path of a criminal.

街中に張り巡らされた監視カメラは犯人の足取りを追うための貴重な助けとなるだろう。

例 He was seriously <u>injured</u>. But with the blood flowing from the wound, he tried to write something on the floor.

彼は重傷だった。しかし、傷口から流れる血で、床に何かを書こうとした。

例 The <u>culprit</u> is among us. It is you, Kindaichi Sherlock Kogoro.

犯人はこの中にいます。金田一＝シャーロック＝小五郎さん、あなたです。

例 People gathered in the living room of the mansion did not take the statement of the inept detective <u>seriously</u>.

迷探偵のその言葉を、屋敷の居間に集まった人々は深刻に受け止めようとはしなかった。

例 The lawyer said, "Objection!" and <u>interrupted</u> the prosecutor's question to a defendant.

弁護士は「異議あり！」と言って、検察官の被告人質問をさえぎった。

例 "Can you, the police, solve this mystery?" said the criminal <u>laughingly</u> and hung up.

「お前たち警察にこの謎が解けるかな？」犯人は笑いながら言うと、電話を切った。

例 Yes. When I found the master dead, the room was <u>definitely</u> locked.

はい。旦那様が亡くなっているのを見つけたとき、部屋には確かに鍵がかかっていました。

例 The family of a victim hoped the killer of their daughter would be <u>executed</u>, and collected signatures.

遺族は娘を殺した犯人が死刑に処されることを願い、署名を集めた。

❶A fleet of spaceships was approaching the Earth. ❷The first to find out was a military superpower that was currently undergoing space development and observation. ❸It speculated that the fleet would reach our planet in a year. ❹This was no time for people on the same planet to fight each other. ❺In order to **counterattack** the aliens, the establishment of a "World Government" was advocated. ❻However, this caused war all over the world in order to decide which country should lead the World Government. ❼Every country claimed that they should be the leader to defend the Earth.

† fleet 艦隊　† spaceship 宇宙船　† development 開発　† planet 惑星
† in order to *do* 〜するために　† alien 宇宙人　† establishment 設立
† claim 〜を主張する　† defend 〜を守る

counterattack

一見長く難しそうな単語に見えるかもしれないが、落ち着いてよく見ると簡単な単語を組み合わせただけ、というパターンも多い。まさにこの counterattack がそうだ。この単語は、counter + attack に分けられる。counter- は反対を表す接頭辞、attack は「攻撃する」という意味の動詞だ。これらの手がかりから、「反対に攻撃する」、つまり「反撃する」という意味になることがわかれば事件解決だ。

ミステリ 19 ✒ 宇宙からの来訪者

❶ 宇宙船の艦隊が地球に近づいていた。

❷ 最初に発見したのは、現在宇宙の開発と監視を進めていた某軍事大国であった。

❸ 一年後には、船団は地球に到達すると推測された。

❹ もはや同じ惑星の住民同士で争っている時間はない。

❺ 宇宙人に反撃するために、「世界政府」の設立が提唱された。

❻ しかし、どの国が世界政府を主導するのかを決めるために、世界各地で戦争が起こった。

❼ どの国も、地球を守るためには、自国がリーダーになるべきだと主張した。

19 The Visitors from the Universe

❽When the fleet passed by a rare blue planet covered by water, a crew member reported to the captain of the fleet. ❾"According to the patrol report last year, high levels of biological activity were **detected** on this planet, but no traces of life can be observed at this point. ❿It is assumed that 99 percent of the organisms have died out due to radioactive contamination." ⓫After hearing this, the captain replied indifferently, "Its inhabitants were just barbaric savage two-legged animals, right? ⓬We were afraid of dropping by only to get infected with some unknown disease and were just going to pass by, weren't we?"

† pass by 〜を通り過ぎる　† crew member 乗組員　† observe 〜を観察する
† die out 死滅する　† due to 〜が原因で　† radioactive 放射能の
† inhabitant 住民　† barbaric 荒っぽい、粗野な　† drop by 立ち寄る
† only to *do* ただ〜する結果になる　† get infected with 〜に感染する
† unknown 未知の

detect

detect は p.38 ですでに取り上げた単語だが覚えているだろうか。de- は分離を意味する接頭辞。tect は「覆う」という意味の語根で、両者をつなぎ合わせると、「覆いを取る」というイメージになる。ここから、detect は「見つける」という意味の動詞だと推測できる。ちなみに、detect に「〜をする人」という意味の名詞をつくる接尾辞 -ive を続けると detective、そう「探偵」だ。

❽ その珍しい、水に覆われた青い惑星の横を艦隊が通り過ぎるとき、一人の乗組員が艦隊のキャプテンに報告した。

❾ 「昨年の偵察報告書によると、この惑星には活発な生物活動が見られていたのですが、現時点では生命の痕跡はありません。

❿ 放射能汚染で生物の九十九パーセントが死滅したと思われます」

⓫ 報告を聞いて、まったく関心がなさそうな様子で、キャプテンが答えた。「あの星の住民って、ただ荒っぽくて野蛮な二足歩行の動物でしょ?

⓬ 立ち寄って未知の病気に感染するのも怖いから、素通りするつもりだっただろ?」

320	**approach** [əpróʊtʃ]	動 ～に近づく 名 接近
321	**military** [míləteri]	形 軍事の, 軍の
322	**superpower** [súːpəˈpàʊəˈ]	名 大国
323	**currently** [kə́ːrəntli]	副 現在のところ 形 current 現在の
324	**undergo** [ʌndəˈɡóʊ]	動 ～を進める, 　～を経験する
325	**observation** [àːbzəˈvéɪʃən]	名 監視, 観察 動 observe ～を観察する
326	**speculate** [spékjəleɪt]	動 ～と推測する 類 guess ～と推測する
327	**advocate** [ǽdvəkət]	動 ～を提唱する
328	**lead** [liːd]	動 ～を指揮する, ～を導く 名 先導

例 As I <u>approached</u> the hole in the wall and peered through it, the tip of a screwdriver popped out from the other side.

壁に空いた穴に近づいて覗き込むと、向こう側からドライバーの先が飛び出してきた。

例 The spy brought back a microchip containing <u>military</u> secrets about a rival country, which was hidden inside a doll.

そのスパイは敵国の軍事機密が入ったマイクロチップを人形の中に隠して持ち帰った。

例 The president established his country as an economic <u>superpower</u>. His only blemish was letting the spy escape.

その大統領は自国を経済大国として確立させた。唯一の汚点は、例のスパイを逃がしてしまったことだった。

例 Every threatening call came from several payphones in town. Investigators are <u>currently</u> being deployed.

脅迫電話は、どれも町の公衆電話からかかってきています。現在、捜査員を配備中です。

例 Several skeletonized bodies were found at a resort hotel site that was <u>undergoing</u> geological survey before construction.

建設前に地質調査を進めていたリゾートホテルの現場で、白骨化した複数の遺体が発見された。

例 The thief cloaked in white stole the jewels which had been placed under strict <u>observation</u>, and flew away in a balloon.

白いマントをまとった怪盗は、厳重な監視下に置かれていた宝石を盗み出し、気球で飛び去っていった。

例 The detective <u>speculated</u> that each one of the drawings of dancing men represented a letter in the English alphabet.

探偵は、踊る人形の絵のひとつひとつがそれぞれ英語のアルファベットを示しているのではないかと推測した。

例 The politician <u>advocating</u> the expansion of the military was murdered in his private residence.

軍備拡大を提唱していた政治家が私邸で殺された。

例 A golden retriever <u>led</u> a rescue team to its owner who got lost in the snowy mountains.

一匹のゴールデンレトリバーが、雪山で遭難した飼い主のもとへ救助隊を導いた。

329	**rare** [reəʳ]	形 珍しい 副 rarely めったに〜ない
330	**patrol** [pətróʊl]	名 偵察隊, パトロール
331	**biological** [bàɪəláːdʒɪkəl]	形 生物学の 名 biology 生物学
332	**trace** [treɪs]	名 痕跡<ruby>痕跡<rt>こんせき</rt></ruby> 動 〜をたどる
333	**assume** [əsúːm]	動 〜と想定する 名 assumption 想定
334	**organism** [ɔ́ːʳɡənìzəm]	名 生物, 有機体 関 organ 臓器
335	**contamination** [kəntæmɪnéɪʃən]	名 汚染 動 contaminate 〜を汚染する
336	**indifferently** [ɪndífərəntli]	副 無関心に 形 indifferent 無関心な
337	**savage** [sǽvɪdʒ]	形 野蛮な

例 That poisonous mushroom has a <u>rare</u> feature. It can take up to a week to develop symptoms of poisoning.

その毒キノコには珍しい特徴がありましてね。毒の症状が現れるまでに、一週間もかかることがあるんです。

例 In horror movies, one should not be relieved to find the police on <u>patrol</u>. They are usually killed by the killer immediately.

ホラー映画では、パトロール中の警官を見つけたからといって安心してはならない。彼らは大抵、すぐに殺人鬼に殺されてしまうのだ。

例 The professor spoke as if he were giving a lecture, "From its <u>biological</u> perspective, the culprit is not a human."

教授はまるで講義でもしているような口調で、「生物学的見地からすると、犯人は人間ではありません」と言った。

例 The victim was supposed to be living alone, but there were <u>traces</u> of a roommate, such as hair strands that were not hers.

被害者は一人暮らしだと思われていたが、彼女のものではない髪の毛など、同居人の痕跡があった。

例 It was <u>assumed</u> that the cause of death had been blood loss from the carotid artery.

死因は頸動脈からの失血と想定された。

例 "There is no <u>organism</u> on Earth that can endure these days of boredom!" The detective shouted and rushed out of the office.

「こんな退屈な日々に耐えられる生物など、この地球上に存在しない！」探偵は叫ぶと事務所を飛び出していった。

例 The scammers stepped inside the elderly couple's home. "We're conducting a water <u>contamination</u> survey."

詐欺師たちは老夫婦の家に上がり込んだ。「水質汚染の調査を行っているんですよ」

例 The young man collapsed in the middle of a busy intersection in broad daylight. However, people just <u>indifferently</u> passed by.

青年は白昼の人通りの多い交差点の真ん中に倒れ込んだ。しかし、人々は無関心に通り過ぎるだけだった。

例 The small plane carrying the students made an emergency landing in a village where a <u>savage</u> cannibal tribe lived.

学生たちを乗せた小型飛行機が不時着したのは、野蛮な食人族が住む村だった。

20 *Reliable Boyfriend*

39

❶Sayaka's boyfriend was very <u>reliable</u>. ❷He had been one of her friends, and even when she was almost kidnapped by a young man, he came to rescue her without seeking any help from the police. ❸He kept saying, "I will always come to help you whenever you get in trouble." ❹After that, they started dating. ❺One time when she had gone out without an umbrella or a cell phone and it started pouring, he came to pick her up. ❻He didn't seem to be using the GPS function of his smartphone. ❼She was sure of that because he always showed up when she was in trouble even when she didn't have her smartphone with her. ❽One day, she asked him, "How is it possible for you to come and help me whenever I need help?"

† **without** *doing* 〜しないで　† **get in trouble** トラブルに巻き込まれる
† **pick A up** Aを車で迎えに行く　† **be sure of** 〜を確信している
† **show up** 現れる

reliable

reliable は rely + able に分解できる。まず、rely は「頼る」という意味の動詞である。一方、-able は「できる」という可能の意味を表す接尾辞だ。つまり、「頼ることができる」ということだから、reliable は「頼りになる、信頼できる」という意味を表す形容詞だと推理できる。

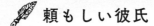

20　頼もしい彼氏

❶ サヤカの彼氏は、とても頼りになる。

❷ もともと友人の一人だった彼は、サヤカが若い男に拉致されそうになったときも、警察に援助を求めることなくサヤカを助けに来てくれた。

❸ 「サヤカがピンチのときはいつでも助けに来るよ」それが彼の口癖だった。

❹ それから、二人は付き合うようになった。

❺ サヤカが傘も携帯も持たずに外出し、どしゃ降りの雨が降り出したとき、車で迎えに来てくれたこともあった。

❻ スマホの GPS 機能を使っているわけではないようだ。

❼ サヤカがスマホを持っていなくても、ピンチのときには、いつも彼が現れるので、彼女はそれを確信していた。

❽ ある日、サヤカは質問した。「どうしていつも、ピンチのときに、私を助けに来ることができるの？」

20 Reliable Boyfriend

❾Without hesitation or embarrassment, he replied calmly, "Haven't I told you? ❿I have <u>embedded</u> a micro GPS in your nape so that I can see you wherever you are. ⓫I doubt you realize what I did because I gave you sleeping pills and you were asleep when I embedded it. ⓬You should have known by now, otherwise, how do you expect me to locate where you are?"

† nape うなじ　† so that ～するために　† sleeping pill 睡眠薬
† by now 今頃はもう　† expect ～を予想する

embed

em + bed に分解して、意味を推理してみよう。まず、em- は「中に」という意味の接頭辞 en- の変化した形。名詞について、「～の中に入れる」という意味の動詞をつくる。bed は「くぼみ」を表す名詞だ。ここから embed は「くぼみの中に」何かを入れる動作、すなわち「～を埋める、～を埋め込む」という意味だとわかる。

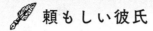

20　頼もしい彼氏

❾ ためらう様子も、悪びれる様子もなく、彼は平然と答えた。「言ってなかったっけ？

❿ サヤカがどこにいてもわかるように、君のうなじに超小型の GPS を埋め込んでいるんだよ。

⓫ 睡眠薬を飲ませて眠っているときに埋め込んだから、俺が何をしたかわかっていたとは思えないけど。

⓬ 今さら何言っているんだよ、そうじゃなきゃ、俺がどうやって君の居場所をつきとめると思うんだ？

| 338 | **reliable** [rɪláɪəbəl] | 形 頼りになる |
| | | 動 rely 頼る |

339	**kidnap** [kídnæp]	動 ～を誘拐する
		名 kidnapper 誘拐犯
		類 abduct ～を誘拐する

| 340 | **rescue** [réskjuː] | 動 ～を助ける |
| | | 名 救助 |

| 341 | **seek** [siːk] | 動 ～を要求する, ～を探し求める |
| | | 活 seek-sought-sought |

| 342 | **whenever** [hwenévəʳ] | 接 ～するときはいつでも |

| 343 | **dating** [déɪʧɪŋ] | 名 交際, デートすること |

| 344 | **pour** [pɔːʳ] | 動 雨が激しく降る |

| 345 | **function** [fʌ́ŋkʃən] | 名 機能 |
| | | 形 functional 機能上の |

| 346 | **possible** [pɑ́ːsəbəl] | 形 可能な |
| | | 副 possibly ことによると |

例 The man was the president of the PTA, had a wife and three daughters, and had a reputation that he was <u>reliable</u>.

男は PTA の会長を務めていて、妻と三人の娘があり、頼りになると評判だった。

例 He <u>kidnapped</u> a boy living in a neighboring town. "I'd like to welcome you as my fourth child. I have always wanted a son."

彼は隣町に住む少年を誘拐した。「君を四人目の子どもとして迎えようと思ったんだ。ずっと息子がほしくてね」

例 In order to <u>rescue</u> the captive boy, the police stepped into the apartment while the man was at work.

監禁された少年を助けるため、警察は男が仕事で外出している隙にアパートに突入した。

例 The serial killer <u>sought</u> a person whose name started with a 'B' as his next target.

連続殺人犯は、次のターゲットとしてBから始まる名前の人物を探し求めた。

例 The suspect had a habit of glancing nervously to his upper right <u>whenever</u> he told a lie.

その容疑者には、嘘をつくときはいつも不安そうに視線を右上にそらす癖があった。

例 The man who was arrested for stalking shouted, "We've just started <u>dating</u>! She'll miss me unless I go to see her now!"

「僕たちは交際を始めたばかりなんだ！ 今すぐ会いに行かないと彼女が寂しがる！」 ストーカーの容疑で逮捕された男は叫んだ。

例 The rain <u>poured</u> all day at the murder scene so the blood that would have been evidence was completely washed away.

殺害現場では一日中雨が激しく降っていたため、証拠となるはずの血痕はすっかり流されていた。

例 The politician didn't know a device which had a <u>function</u> of picking up the slightest sound was installed in a power outlet.

わずかな音さえも拾う機能を持つ装置がコンセントにしかけられていることを、政治家は知らなかった。

例 Several bodies disappeared from a morgue. It would not be <u>possible</u> for just one person to carry out this crime.

モルグから複数の死体が消えた。この犯行をたった一人だけで行うのは不可能だろう。

| 347 | **hesitation** [hèzɪtéɪʃən] | 名 ためらい |
| | | 動 hesitate ためらう |

| 348 | **embarrassment** [ɪmbǽrəsmənt] | 名 きまり悪さ, 困惑 |
| | | 動 embarrass ～を当惑させる |

| 349 | **calmly** [káːmli] | 副 平然と, 静かに |
| | | 形 calm 穏やかな, 静かな |

| 350 | **embed** [ɪmbéd] | 動 ～を埋め込む |

| 351 | **micro** [máɪkroʊ] | 形 超小型の |
| | | 関 microscope 顕微鏡 |

| 352 | **doubt** [daʊt] | 動 ～を信じない, ～を疑う |
| | | 名 疑い |

| 353 | **asleep** [əslíːp] | 形 眠って |

| 354 | **otherwise** [ʌ́ðɚˈwaɪz] | 副 そうでなければ |

| 355 | **locate** [lóʊkeɪt] | 動 (場所など)をつきとめる, ～を置く |

例 The police raided the apartment without <u>hesitation</u> after the neighbor reported that she saw the wanted criminal.

指名手配犯を見たという近隣住民からの通報を受けた後、警察はためらいなくその部屋の家宅捜索に踏み切った。

例 "You are the criminal!" The man he pointed at had a perfect alibi, so the inept detective blushed with <u>embarrassment</u>.

「犯人はあなたです！」指さした男には完璧なアリバイがあり、迷探偵はきまりの悪さに顔を赤らめた。

例 The husband said <u>calmly</u>, "Is this what you're looking for?", swinging the kitchen knife towards her.

「探しているのはこれかい？」夫は平然と言い、包丁を彼女に向けて振りかざした。

例 Bombs were <u>embedded</u> in the prisoners' hearts and their triggers were brought to the guard.

囚人たちは心臓に爆弾を埋め込まれ、その起爆スイッチは看守のもとに集められた。

例 The fountain pen tucked into the detective's chest pocket was equipped with a <u>micro</u> camera, one of his work tools.

探偵の胸ポケットにささった万年筆には超小型のカメラが仕掛けられていて、彼の仕事道具のひとつである。

例 "When I got home, I saw my wife had fallen down the stairs to her death." The police captain <u>doubted</u> the man's statement.

「帰宅したら妻が階段から落ちて死んでいたんですよ」夫の供述を警部は信じなかった。

例 The woman drugged the executive, and after making sure he was <u>asleep</u>, pulled the documents out from his attaché case.

女は重役に薬を飲ませ、彼が眠ったのを確認すると、アタッシェケースから書類を抜き取った。

例 It was you who murdered the gang leader. <u>Otherwise</u>, you would never have known that his pajamas were bear-patterned.

組長を殺したのは、あなたです。そうでなければ、彼のパジャマがクマさん柄であったことを知っているはずがありません。

例 The little detective put on a pair of special glasses to <u>locate</u> the criminal, and ran after him.

その小さな探偵は犯人の居場所をつきとめるための特殊な眼鏡をかけ、走ってその後を追った。

21 *A Wad of Bills*

41

❶A man placed a large suitcase in front of a genie and said, "Fill this suitcase with a wad of bills!" ❷From his wallet he pulled out a bill, which was the most expensive **banknote**. ❸"Hey, when I say bill, it means this. ❹I won't accept any smaller bills. ❺Fill this suitcase with the same bills as this one!" ❻After the genie disappeared, the man opened his suitcase to find it packed with bills. ❼All were real, identical to the large denomination bill that he had showed to the genie.

† a wad of ～の束　† pull out ～を取り出す　† identical to ～と同一の
† large domination bill 高額紙幣

banknote

それぞれの単語の意味から謎を解いていこう。bank は「銀行」、note は英語だと「メモ」のことを指す。「銀行のメモ」、これではまだ何を意味するのかはっきりしない。もう少し想像を働かせてみよう。メモは通常何に書くことが多いだろうか？　そう、紙だ。「銀行の紙」といえば「紙幣」のこと。このように簡単な単語が組み合わさって、新しい意味の単語をつくることも多いのだ。

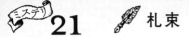

21 札束

❶ 魔神の前に大きなスーツケースを置いて男は言った。「このスーツケースを札束でいっぱいにしてくれ！」

❷ 彼は財布からもっとも高額な紙幣を一枚取り出した。

❸ 「おっと、紙幣というのは、こいつのことだぞ。

❹ これより小額の紙幣なんか認めないからな。

❺ これと同じ紙幣で、スーツケースを満たしてくれ！」

❻ 魔神が消えたあとで男がスーツケースを開けると、そこにはぎっしりと紙幣が詰まっていた。

❼ それらはすべて本物の、男が魔神に見せたのとまったく同じ高額紙幣であった。

21 *A Wad of Bills*

❽ "With all this money, I can afford anything..." ❾ The man first decided to buy a high-grade foreign car. ❿ He chose his favorite car, grabbed a wad of money from his suitcase and handed it over to a clerk at a car dealer. ⓫ "Would you wait for a moment while we prepare your car?" said the clerk and walked away. ⓬ Ten minutes later, it was not the foreign car but the police that arrived in front of the man. ⓭ He got arrested and was accused of <u>**manufacturing**</u> counterfeit money. ⓮ The police said wonderingly, "The fake bills are so detailed that they looked exactly like the real ones. ⓯ If I saw only one, I could never tell it was a fake one. ⓰ With such a sophisticated counterfeiting technique, why did you make all these bill numbers the same? ⓱ It's obvious that they are fake ones, isn't it?"

† grab ～をつかむ　† car dealer 自動車販売店　† arrest ～を逮捕する
† accuse A of B AをBの理由で訴える　† wonderingly 不思議そうに

manufacture

manufacture は、manu + fact + ure に分解できる。manu- はラテン語 manus に由来し、「手」を意味する接頭辞。次に fact は「作る」を意味する語根。さらに、-ure は「～すること」を意味する接尾辞。よって manufacture は「手で作ること」、すなわち「～を製造する」という意味になると推理できる。

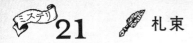

❽「これだけの金があれば、何でも買えるぞ……」

❾ 男はまず、高級外車を買うことにした。

❿ 気に入った車を選ぶと、スーツケースの中から札束をつかんで、自動車販売店の店員に渡した。

⓫「お車の準備をしますので、少々お待ちくださいませ」そう言って店員は立ち去った。

⓬ 十分後、男の前に現れたのは外車ではなく、警察官だった。

⓭ 男は逮捕され、偽金を製造した罪で訴えられた。

⓮ 警察官は不思議そうに言った。「この偽札、細部まで作りこまれていて本物とそっくりだな。

⓯ 一枚だけ見たんじゃ、絶対に偽物とわからなかったよ。

⓰ こんなにも精巧な偽造の技術があるのに、なぜ紙幣の番号を全部同じにしたんだ？

⓱ 偽物だってバレバレじゃないか」

356	**place** [pleɪs]	動 ～を置く, ～を設置する 名 場所
357	**suitcase** [súːtkeɪs]	名 スーツケース
358	**genie** [dʒíːni]	名 魔神, 精霊 関 genie lamp　魔法のランプ
359	**fill** [fɪl]	動 ～を満たす 関 fill A with B　A を B で満たす
360	**bill** [bɪl]	名 紙幣, 請求書
361	**wallet** [wɑ́ːlɪt]	名 財布
362	**banknote** [bǽŋknòʊt]	名 紙幣
363	**accept** [əksépt]	動 ～を認める, 　　～を受け入れる
364	**pack** [pæk]	動 ～を詰め込む 名 包み

例 The assassin <u>placed</u> a bomb on the other side of the door so that it would explode as soon as the target opened it.

ターゲットがドアを開けた瞬間に爆発するように、暗殺者はドアの反対側に爆弾を設置した。

例 The victim was a short woman. She was most likely brought to the river in the <u>suitcase</u> that was found near her body.

被害者は小柄な女性だ。遺体のそばで見つかったスーツケースに入れられて川まで運ばれてきたとみて間違いないだろう。

例 The serial killer rubbed the magic lamp to summon the <u>genie</u>. "Revive this body. Her squeal was so cute. I wanna hear it again!"

連続殺人鬼は魔法のランプをこすって魔神を呼び出した。「この死体を蘇らせてくれ。彼女の悲鳴は実にステキだった。もう一度聞きたいんだ！」

例 The culprit probably drugged the victim, <u>filled</u> the bathtub with hot water, and submerged him in it.

おそらく犯人は被害者に睡眠薬を飲ませ、浴槽に湯をいっぱいに張り、その中に彼を沈めたんだ。

例 When the spy smoothed out the crumpled <u>bill</u> that he received as change, he found that his next order was written on it.

スパイが釣り銭として受け取ったしわだらけの紙幣を広げると、そこには次の指令が書かれていた。

例 The finger tips of the body were all sanded off. The only evidence left at the scene was a <u>wallet</u>, with its contents removed.

遺体はすべての指紋を削られていた。唯一の遺留品は中身を抜き取られた財布だけであった。

例 The <u>banknotes</u> found in the bamboo forest equaling 100 million yen, were all marked with a strange triangle and eye.

竹やぶで発見された一億円相当の紙幣のすべてに、奇妙な三角形と目の印が記されていた。

例 The suspect <u>accepted</u> his guilt when he was shown the footage from the CCTV at the crime scene.

犯行現場の監視カメラに写った映像を見せられると、容疑者は自らの罪を認めた。

例 "Honey, what are these blocks of meat <u>packed</u> inside the freezer?" "It's just meat. They're delicious, do you want to try some?"

「ねえ君、冷凍庫の中にぎっしり詰まっているこの肉の塊、一体なんなんだい？」「なにって、ただの肉よ。美味しいの、食べてみる？」

365	**afford** [əfɔ́ːʳd]	動 ～を買う余裕がある 形 affordable 購入しやすい
366	**high-grade** [hàɪgréɪd]	形 高級な
367	**foreign** [fɔ́ːrən]	形 外国の 対 domestic 国内の
368	**clerk** [kləːʳk]	名 店員, 係員
369	**manufacture** [mænjəfǽktʃəʳ]	動 ～を製造する 名 manufacturer 製造業者
370	**counterfeit** [káʊntəʳfɪt]	形 偽造の 動 ～を偽造する
371	**detailed** [dɪtéɪld, díːteɪld]	形 精密な, 詳細な
372	**sophisticated** [səfístɪkeɪṭɪd]	形 精巧な, 洗練された
373	**obvious** [áːbviəs]	形 明らかな 対 obscure 不明瞭な

例 "I'm going abroad to earn some money." My friend, who always complained about not being able to <u>afford</u> food, never came back.

「ちょっと金稼ぎに海外行ってくる」食料さえ買う余裕がないといつも嘆いていた友人は二度と帰ってこなかった。

例 There are frequent sightings of the ghosts of twin girls with matching dresses in the corridors of the <u>high-grade</u> hotel.

その高級ホテルの廊下では、おそろいのワンピースを着た双子の女の子の霊が頻繁に目撃されるという。

例 It was lucky that the victim had bad handwriting. The culprit mistook the scribbles for a <u>foreign</u> language, not his name.

被害者が悪筆だったのが幸いしたな。犯人はその落書きが自分の名前じゃなくて、外国語だと勘違いしたんだから。

例 "Give me some money and a car!" said the fugitive, taking the hotel <u>clerk</u> hostage when the police found his hiding place.

「金と車を用意しろ！」警察に隠れ家を突き止められた逃亡犯は、ホテルの受付係を人質にとって言った。

例 The old watch repairman was secretly <u>manufacturing</u> firearms to make extra money on the black market.

その年老いた腕時計の修理工は、闇市場で小遣い稼ぎをするために密かに銃器を製造していた。

例 When cheaper guns came into circulation, he sent e-mails to his regular customers. "<u>Counterfeit</u> passports now available."

より安価な銃が出回りはじめると、彼は得意客にメールを送った。「偽造パスポートはじめました」

例 The <u>detailed</u> facial composite that was based on the eyewitness testimony greatly contributed to the arrest of the culprit.

目撃者の証言に基づいて作成された精密なモンタージュ写真が、犯人逮捕に大きく貢献した。

例 Profiling is a method which helps pinpoint the culprit's background by <u>sophisticated</u> analysis based on psychology.

プロファイリングとは、人間行動学に基づく精巧な分析によって犯人像を見定めるのに役立つ手法である。

例 They must be part of an underground society. It is <u>obvious</u> because they were wearing black suits on the beach.

あいつらが闇組織の構成員に違いない。ビーチで黒のスーツなんて着ているんだから、明らかだ。

22 *Sports Extravaganza*

43

❶ "Do not let politics interfere in the world of sports!" ❷ There was a time when such a slogan was promoted. ❸ However no one could stop sports from being affected by international affairs. ❹ In the year 20XX, a **landmark** international treaty was concluded. ❺ It was a treaty that said, "Let's settle international disputes and diplomatic issues according to wins and losses in sports." ❻ The advancement in Artificial Intelligence and video analysis technology enabled the development of an almost perfectly fair judging system. ❼ The system was accepted by more and more countries, because it would not result in deaths or refugees as a result of solving disputes.

† extravaganza 祭典　† international affairs 国際情勢　† treaty 条約
† settle ～を解決する　† diplomatic issue 外交問題　† advancement 進歩
† intelligence 知能　† perfectly 完全に　† fair 公平な　† judging 審判
† result in ～をもたらす　† refugee 難民　† as a result of ～の結果として

landmark

landmark は「陸上の目印」、そして「その場所の象徴となるような建物」を意味する。しかし、物語では「ある landmark 国際条約が締結された」と、条約を修飾する形容詞として使用されている。次の文で「国際紛争や外交問題をスポーツの勝敗で解決する条約」とあることから、この条約が今までにない新しい条約であると判断できる。そう、landmark は「画期的な、重要な」という意味の形容詞としても使うことができるのだ。

22 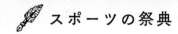 スポーツの祭典

❶「スポーツの世界に、政治は介入するな！」

❷ そんなスローガンが掲げられた時代もあった。

❸ しかし、スポーツが国際情勢の影響を受けることを止められる者はなかった。

❹ 20XX 年、ある画期的な国際条約が締結された。

❺「いっそのこと、国際紛争や外交問題をスポーツの勝敗で解決してしまおう」という条約である。

❻ 人工知能や映像解析技術の進歩が、ほぼ完全な公平性を実現する審判システムの開発を可能にした。

❼ 死者や難民を生むことなく紛争を解決できるということで、そのシステムはより多くの国に受け入れられた。

Sports Extravaganza

❽Athletes' success decided their countries' ups and downs. ❾Needless to say, athletes became increasingly **influential** in society, and seized power in various fields. ❿The same thing happened in the National Diet. ⓫Eventually, more than half of the National Diet members were active athletes. ⓬Consequently, bills that were favorable to athletes were passed one after the other. ⓭Today again, such a bill was passed. ⓮The opposition party members, opposing the forced vote, devoted themselves and struggled to prevent it. ⓯However, there was no way they could beat the physically fit athletes. ⓰One opposition party member cried out tearfully while held in a full nelson, "Do not let sports interfere in the world of politics!"

† ups and downs 盛衰　† needless to say 言うまでもなく
† National Diet 国会　† bill 法案　† one after the other 次々と
† opposition party 野党　† forced vote 強行採決　† full nelson 羽交い絞め

influential

influential の語尾 -al は名詞について形容詞をつくる接尾辞だ。つまり、influential は influence + al であると考えることができる。influence は「影響」という意味の名詞だ。これを形容詞化した influential は「影響を及ぼす」という意味で、「スポーツ選手は、ますます社会に影響を及ぼすようになった」という内容が読み取れれば事件解決だ。

❽スポーツ選手の成功が、国々の盛衰を左右した。

❾言うまでもなくスポーツ選手は、ますます社会に影響を及ぼすようになり、各界で権力を握るようになった。

❿国会も同様である。

⓫とうとう国会議員の半数以上が、現役のスポーツ選手で占められた。

⓬結果的に、スポーツ選手に有利な法案が次々と可決されていった。

⓭今日もまた、そのような法案が可決された。

⓮強行採決に反対する野党議員が、身体を張って阻止しようと奮闘した。

⓯しかし、体力のあるスポーツ選手に勝てるわけがない。

⓰羽交い締めにされた野党議員は、涙ながらに叫んだ。「政治の世界に、スポーツは介入するな！」

| 374 | **interfere**
[ìnt̬əˈfɪə'] | 動 干渉する, 口出しする |
| | | 名 interference 邪魔, 妨害 |

| 375 | **promote**
[prəmóʊt] | 動 ～を促進する,
～を増進する |

| 376 | **affect**
[əfékt] | 動 ～に影響を与える |
| | | 関 effect 結果, 効果 |

| 377 | **landmark**
[lǽndmɑːˈk] | 形 画期的な, 重要な |
| | | 名 目印 |

| 378 | **conclude**
[kənklúːd] | 動 (条約など) を締結する,
～を終える |

| 379 | **dispute**
[dɪspjúːt] | 名 紛争, 議論 |
| | | 動 ～を議論する |

| 380 | **artificial**
[àːˈt̬ɪfíʃəl] | 形 人工の |
| | | 対 natural 自然の |

| 381 | **analysis**
[ənǽləsɪs] | 名 解析, 分析 |
| | | 動 analyze ～を分析する |

382	**enable** [ɪnéɪbəl]	動 ～を可能にする
		関 enable A to *do*
		A が～することを可能にする

例 "Don't <u>interfere</u> with my method! My partner is this cleaver!" shouted the father, but his son insisted on using a chainsaw.

「私の殺り方に口出ししないでくれ！私の相棒はこの肉切り包丁なんだ！」父親は叫んだが、息子はチェンソーの使用をしきりに勧めた。

例 "This herb <u>promotes</u> health." The self-described doctor of Chinese medicine sold ordinary weeds that grew everywhere.

「この薬草は、健康を増進するんです」自称漢方医はそう言って、どこにでも生えているただの雑草を売りつけていた。

例 Being <u>affected</u> by a TV drama, the boy secretly wore his father's trench coat and enjoyed pretending to be a detective.

テレビドラマに影響されて、少年は父親のトレンチコートをこっそり着て刑事ごっこを楽しんでいた。

例 The photographer was found dead beside the historic <u>landmark</u> building the day he released a photo album of it.

その歴史的に重要な建築物の写真集を出版した日に、写真家はその建物のそばで死体となって発見された。

例 To <u>conclude</u> the contract with the demon, she cut her finger with a knife and dripped blood on the magic circle.

悪魔と契約を結ぶため、彼女はナイフで自分の指を傷つけ、魔法陣に血を落とした。

例 The negotiator was famous for mediating any <u>dispute</u>. She had even stopped territorial fights between stray cats.

その交渉人はあらゆる紛争を調停することで有名だった。彼女は野良猫同士の縄張り争いでさえ仲裁したことがある。

例 The corpse was found decomposed, but the implanted <u>artificial</u> heart helped with the identification of the body.

発見された死体は腐敗が進んでいたが、人工心臓が埋め込まれていたことが身元の特定につながった。

例 The phonetic <u>analysis</u> showed that the strange sound at the end of the bomb threat recording was in fact the 5 o'clock bell.

音声分析によると、爆破予告の録音の最後に聞こえる奇妙な音は、実は五時のチャイムであることが判明した。

例 The footprints were of a pair of sneakers which were a limited model. This <u>enabled</u> the police to find the suspect.

足跡は限定モデルのスニーカーのものだった。これにより、警察は容疑者を見つけることができた。

185

| 383 | **increasingly** [ɪnkríːsɪŋli] | 副 ますます |
| | | 動 increase 増える |

| 384 | **influential** [ìnfluénʃəl] | 形 影響力がある |
| | | 動 influence ～に影響を及ぼす |

| 385 | **seize** [siːz] | 動 ～を握る, ～を奪う |
| | | 類 grab ～をひっつかむ |

| 386 | **favorable** [féɪvərəbəl] | 形 有利な, 好意的な |
| | | 名 favor 親切な行為, 好意 |

| 387 | **oppose** [əpóʊz] | 動 ～に反対する |
| | | 名 opposition 反対 |

| 388 | **struggle** [strʌ́gəl] | 動 奮闘する |
| | | 名 奮闘 |

| 389 | **physically** [fízɪkli] | 副 肉体的に, 身体的に |

| 390 | **fit** [fɪt] | 形 健康な, ぴったりの |
| | | 関 stay fit 健康でいる |

| 391 | **tearfully** [tíəˈfəli] | 副 涙ながらに |
| | | 名 tear 涙 |

例 Since the detective entered the crime scene without permission, the police officers became <u>increasingly</u> annoyed.

探偵が許可もなしに犯行現場に足を踏み入れたので、警察官たちはますます腹立たしく思った。

例 The man was released within hours because his father was a famous politician and was <u>influential</u> with the police.

父親が有名な政治家で警察に影響力があったため、男は数時間で釈放された。

例 The detective who had <u>seized</u> control of the investigation of the unsolved case had disappeared, and was found dead later.

その未解決事件の捜査の指揮権を握っていた刑事は失踪し、後日遺体で発見された。

例 The actress had a <u>favorable</u> image of the man she had met at a bar by chance, but she was wrong.

その女優は偶然バーで出会った男に好意的な印象をもったが、それは間違いだった。

例 I <u>oppose</u> a city project to turn a haunted place into a tourist attraction.

私は、心霊スポットを観光名所にしようとする市の計画に反対です。

例 The sweaty man was <u>struggling</u> to dig a hole in the ground without knowing it was to be his own grave.

汗まみれの男は苦戦しながら地面に穴を掘っていた。それが、自分自身の墓になるとも知らずに。

例 The clown, who came to my house on Halloween night, was not a child but a <u>physically</u> small man in bloody clothes.

ハロウィンの夜、私の家にやってきたピエロは子どもではなく、血まみれの服を着た体格の小さな男だった。

例 I jog every day to be <u>fit</u>. However, I always run into a murder scene so my assistant finally forbade me to go jogging.

私は健康を保つために毎日ジョギングをしている。しかし、しょっちゅう殺人現場に遭遇するので、ついに助手からジョギングを禁止された。

例 I <u>tearfully</u> claimed that I didn't kill my wife, but the judge sentenced me to death. I woke up to realize it was just a dream.

私は妻を殺してなんかいないと涙ながらに訴えたが、裁判官は死刑を言い渡した。目が覚め、それがただの夢であったことに気づいた。

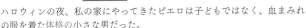

23 *Attack of a Werewolf*

45

❶ This is a story that took place in a village in Europe. ❷ A <u>fortuneteller</u> predicted that a werewolf would appear and attack the village on the night of the next full moon. ❸ The only technique to fight off the werewolf was to shoot through the werewolf's body with a silver bullet. ❹ The villagers made silver bullets and tied their cattle up in the village square in order to be prepared for the attack of the werewolf. ❺ The werewolf appeared in the village on the night of the full moon, as predicted. ❻ The villagers, however, did not panic and fearlessly showered the werewolf with silver bullets from all directions.

† werewolf 狼男　† full moon 満月　† fight off ～を退治する、～を撃退する
† villager 村人　† cattle 家畜、牛　† square 広場　† prepare ～を準備する

fortuneteller

長い単語も、細かく分解してみると意外と簡単に謎は解けるものだ。fortuneteller は fortune + tell + er に分けることができる。fortune の fort には、「運ぶ」という意味がある。ここから fortune は「運ばれてくるもの」、すなわち「運勢、幸運」を表す。次に、tell は「～を話す、～を伝える」を意味する動詞だ。さらに -er は、単語の末尾につきその単語を「動作をする人・もの」を意味する名詞に変える働きをもつ接尾辞。よって fortuneteller は「運勢や幸運を伝える人」、すなわち「占い師」を表す名詞だとわかるはずだ。

190

23　狼男の襲撃

❶ ヨーロッパの、とある村で起こった話である。

❷ ある占い師が、次の満月の晩に狼男が現れて村を襲撃すると予言した。

❸ 狼男を退治する方法はただひとつ、銀製の弾丸で狼男の体を撃ち抜くこと。

❹ 村人たちは銀の弾丸を作り、村の広場に家畜をつなぎ、狼男の襲撃に備えた。

❺ 満月の夜、予言どおり狼男が村に現れた。

❻ しかし、村人たちは慌てることも恐れることもなく、あらゆる方向から銀の銃弾を狼男に浴びせた。

23 *Attack of a Werewolf*

❼After the volley was fired, the werewolf let out a howl like a groan and disappeared into the forest. ❽When the werewolf finally reached the depths of the forest, he took off his werewolf suit. ❾It was the fortuneteller who appeared from inside the suit. ❿Since the suit was made from a heavy material that **absorbed** bullets, it was exhausting to run while wearing it. ⓫The fortuneteller carefully pulled out the silver bullets one by one that were buried in his suit. ⓬"Oh, they put quite a few bullets in here. ⓭Well, the more bullets, the more silver to melt and sell."

† fire ～を発射する † let out ～を発する † disappear 姿を消す
† one by one ひとつずつ † quite a few かなり多数の

absorb

absorb……見るからに分解できそうな単語だと思わないかね？さっそく分解してみよう。この単語は ab + sorb に分けることができる。ab- は前置詞 from と同様に「～から」という意味を表す接頭辞。sorb には「吸い込む」という意味がある。これらの意味をつなげると、「～から吸い込む」、つまり 「～を吸収する」 という意味の動詞であることが推理できる。

❼一斉射撃が放たれた後、狼男はうめき声に似た遠吠えを発して、森へと去っていった。

❽どうにか森の奥にたどり着いた狼男は、狼男の着ぐるみを脱いだ。

❾着ぐるみの中から現れたのは、あの占い師であった。

❿着ぐるみは弾丸を吸収する重い素材で作られていたため、着て走ると相当な体力を消耗する。

⓫占い師は、着ぐるみにめり込んだ銀の弾丸をひとつひとつ丁寧に引き抜いた。

⓬「おっと、すごい数の弾丸を撃ち込みやがったな。

⓭まぁ、撃ち込まれた弾丸が多いほど、溶かして売るための銀が増えるんだけどな」

392	**fortuneteller** [fɔ́ːʳtʃəntèləʳ]	名 占い師 関 fortunetelling　占い
393	**predict** [prɪdíkt]	動 〜を予言する 名 prediction　予言
394	**technique** [tekníːk]	名 方法, 技術 関 technician　技術者
395	**shoot** [ʃuːt]	動 〜を撃つ, 〜を発砲する 活 shoot-shot-shot
396	**bullet** [búlɪt]	名 弾丸 関 silver bullet　特効薬
397	**tie** [taɪ]	動 〜をつなぐ, 〜を縛る 名 ネクタイ
398	**fearlessly** [fíəʳləsli]	副 恐れることなく 形 fearless　恐れ知らずの, 大胆な
399	**shower** [ʃáʊəʳ]	動 〜を浴びせる 名 にわか雨
400	**direction** [dərékʃən]	名 方向, 指示

例 "The murderer will be revealed soon." The police were overjoyed on hearing this prophecy by a trusty <u>fortuneteller</u>.

「もうすぐ殺人犯の正体が明らかになるわよ」信頼できる占い師の予言を聞いて、警察は色めき立った。

例 Shortly after she <u>predicted</u> it, the news reported that the culprit surrendered to police—it was the fortuneteller herself.

彼女が予言してから間もなく、犯人が警察に自首したとのニュースが報道された——それは、あの占い師本人であった。

例 I've been wanting to prove that I could really kill someone by using this <u>technique</u> from my favorite mystery novel.

お気に入りの推理小説に載ってる方法で本当に人が殺せるってこと、ずっと証明したかったのよねえ。

例 The gang members had <u>shot</u> many bullets, yet the gunshots were drowned out by the noise made by fireworks.

ギャングの構成員たちは何度も発砲したが、銃声は花火の騒音にかき消された。

例 During the fierce shootout, a stray <u>bullet</u> narrowly missed the officer, and many images passed through his mind.

激しい銃撃戦のさなか、流れ弾が巡査をかすめ、彼の脳内を走馬灯がかけめぐった。

例 The girl possessed by a demon was <u>tied</u> to the bed by strong ropes.

悪魔に取り憑かれた少女は、丈夫なロープでベッドに縛りつけられていた。

例 The clergyman fought <u>fearlessly</u> against her. When he read the words from the Bible out loud, she struggled to break free.

牧師は恐れることなく彼女に立ち向かった。彼が聖書の言葉を大声で読み上げると、少女は逃げようと身悶えした。

例 The burglar <u>showered</u> the pedestrians with the gold coins he had taken, and managed to get away in the commotion.

強盗は通行人へ盗んだ金貨を浴びせ、騒動に乗じてなんとか逃げ切った。

例 In the cave, the treasure hunters advanced in the <u>direction</u> that the wind was blowing from, without knowing it was a trap.

洞窟の中を、トレジャーハンターたちは風が吹いてくる方向へと進んだ。それが罠であるとも知らずに。

401	**volley** [vá:li]	名 一斉射撃
402	**howl** [haʊl]	名 遠吠え / 動 遠吠えする
403	**groan** [groʊn]	名 うめき声 / 動 うめく
404	**reach** [ri:tʃ]	動 〜にたどり着く
405	**material** [mətíəriəl]	名 素材
406	**absorb** [əbzɔ́ːʳb]	動 〜を吸収する
407	**exhausting** [ɪgzɔ́ːstɪŋ]	形 疲れさせる / 動 exhaust 〜を疲れさせる
408	**melt** [melt]	動 〜を溶かす

例 The Special Assault Team aimed their guns at the culprit hijacking the bus, and waited for the order to fire a <u>volley</u>.

特殊急襲部隊はバスジャック犯に銃の狙いを定めたまま、一斉射撃の指示を待った。

例 The girls who fled into the woods were scared by a wolf's <u>howl</u>. They heard its footsteps getting closer and closer.

森に逃げ込んだ少女たちは狼の遠吠えに怯えた。狼の足音が少しずつ近づいてくるのが聞こえた。

例 We have seven supernatural phenomena in our school. One of them is the anatomical model occasionally lets out a <u>groan</u>.

私たちの学校には七不思議がある。そのひとつが、人体模型がときどきうめき声を上げるというものだ。

例 After having changed trains many times, the father <u>reached</u> the place where he was supposed to hand over the ransom.

何度も電車を乗り換えて、父親は身代金を受け渡すことになっている場所にたどり着いた。

例 The fiber was found under the victim's fingernails, which helped identify the type of <u>material</u> the culprit was likely wearing.

被害者の爪の間から見つかった繊維が、犯人が着用していたと思われる衣服の素材の特定に役立った。

例 The extraterrestrial lifeform <u>absorbed</u> every single word of the encyclopedia to learn about the humans.

宇宙からやってきたその生命体は、百科事典の一言一句を吸収し、人間について学んだ。

例 "It's really <u>exhausting</u> to carry a weapon," I mumbled, strolling along with my suitcase that had a large piece of ice in it.

「凶器を運ぶのもなかなか疲れるな」大きな氷の塊が入ったスーツケースを引いて歩きながら、私はつぶやいた。

例 Arriving at my destination, I lost heart seeing the ice <u>melted</u> away. I shrugged and walked home pulling the empty suitcase.

目的地に着いた私は、氷が溶けてなくなっているのに気づいて落胆した。肩をすくめ、空のスーツケースを引いて帰路についた。

24 *Beautiful Melody*

47

❶Maurice Ravel, a classical music composer, lost his memory due to the aftereffects of a traffic accident. ❷He also suffered from language disorders and became unable to write. ❸A newly <u>conceived</u> beautiful melody kept playing in his head, but he couldn't transcribe it into a score. ❹"Will God take music away from me?" ❺Ravel couldn't help but curse his fate.

† classical music クラシック音楽　† unable to *do* ～することができない
† newly 新しく　† score 楽譜　† take A away from B A を B から奪う
† can't help but *do* ～せずにはいられない　† fate 運命

conceive

conceive は con + ceive に分解することができる。con- は「完全に」という意味を表す接頭辞。次に、ceive はラテン語の capere「つかみ取る」に由来する語根で、receive「～を受け取る」などの単語に使われている。ここから、conceive は「頭の中で完全につかみ取る」、つまり「～を思いつく、想像する」という意味になる。派生語として、「何かを完全につかみ取っている様子」を指す concept「概念、コンセプト」という名詞も覚えておこう。

24　美しいメロディ

❶ クラシック音楽の作曲家であるモーリス・ラヴェルは、交通事故の後遺症によって記憶を失った。

❷ また彼は言語障害にも悩まされており、書くことができなくなった。

❸ 新しく着想した美しいメロディが頭の中で流れつづけているのに、楽譜にそれを書き写すことができない。

❹ 「神は、私から音楽を奪おうというのか？」

❺ ラヴェルは、自身の運命を呪わずにはいられなかった。

24 *Beautiful Melody*

❻One day, when Ravel was strolling down the street, he heard a piece of music from somewhere. ❼The moment he heard it, tears fell from his eyes. ❽"What a beautiful piece this is! ❾There is no doubt music is the only thing that supports me. ❿No one can deprive me of music." ⓫Ravel felt deeply grateful for the music. ⓬Then he asked his friend who was with him, "Do you know the title of this beautiful piece?" ⓭His friend was surprised and answered delightedly. ⓮"It's called 'Pavane for a Dead Princess.' ⓯And the one who composed is you, Maurice." ⓰Hearing his friend's words, big <u>teardrops</u> rolled down his cheeks again.

† **moment** 瞬間　† **tear** 涙　† **fall from** 〜から落ちる
† **piece** (一編の) 楽曲、作品　† **doubt** 疑い
† **compose** 〜を作曲する、構成する　† **roll down** 〜を流れ落ちる

teardrop

teardrop は tear + drop に分解して意味を推理してみよう。それぞれ、tear は「涙」、drop は「しずく、（液体の）一滴」を表す名詞だ。つまり teardrop とは、「一滴の涙のしずく」という意味。drop を使った言葉には他にも、eye「目」と drop「（液体の）一滴」が組み合わさった eyedrops「目薬」などの単語がある。こちらもあわせて覚えておこう。

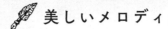

24　美しいメロディ

❻ある日、ラヴェルが街を歩いていると、どこからか、音楽が聞こえてきた。

❼その曲を聞いた瞬間、彼の目から涙がこぼれ落ちた。

❽「なんと美しい曲なのだろう！

❾私を支えてくれるのは、やはり音楽しかない。

❿誰も、私から音楽を奪うことはできない」

⓫ラヴェルは、その曲に深く感謝した。

⓬そして、一緒にいた友人に尋ねた。「この美しい曲の題名を知っているかい？」

⓭友人は驚き、そして嬉しそうに答えた。

⓮「これは、『亡き王女のためのパヴァーヌ』という曲だよ。

⓯そして、作曲したのはキミだよ、モーリス」

⓰友人の言葉を聞いて、ふたたび彼の頬に大粒の涙がこぼれた。

409	**composer** [kəmpóuzər]	名 作曲家 動 compose ～を作曲する
410	**aftereffect** [ǽftərɪfèkt]	名 後遺症, 余波 関 side effect 副作用
411	**suffer** [sʌ́fər]	動 悩む, 苦しむ 名 suffering 苦痛
412	**language** [lǽŋgwɪdʒ]	名 言語 関 foreign language 外国語
413	**disorder** [dɪsɔ́ːˈdər]	名 障害, 乱雑 動 ～を乱す
414	**conceive** [kənsíːv]	動 ～を思いつく
415	**melody** [mélədi]	名 メロディ
416	**transcribe** [trænskráɪb]	動 ～を書き写す 名 transcript 写し

例 The <u>composer</u> entrusted his friend with a musical score, which asked to be released after his death. The title read, "My Will."

その作曲家は、自分が死んだら世に出してほしいと、友人に一枚の楽譜を預けていた。それは、「遺言」と題されていた。

例 "I'm going to the paddy field to survey the <u>aftereffect</u> of the typhoon." The farmer left his home in a heavy rain.

「台風の余波を調べに、田んぼに行ってくる」農夫は大雨の中、家を出た。

例 I was <u>suffering</u> from insomnia. Even when I managed to fall asleep, I had nightmares. I was always chased by killers in them.

私は不眠症に悩んでいた。どうにか眠りについたときでも、悪夢を見た。悪夢の中の私はいつも殺人鬼に追われていた。

例 According to the person living next door, he heard some people quarreling with each other in a foreign <u>language</u>.

隣の部屋の住人の話によると、外国語でののしり合う人々の声が聞こえてきたそうだ。

例 The room was in <u>disorder</u>, so the thief was unable to find any valuables and gave up, leaving the place empty-handed.

その部屋はひどく散らかっており、泥棒は金目の物を見つけることができず、諦めて何も盗らずにその場を後にした。

例 No one <u>conceived</u> such a minor event could be the beginning of the simultaneous uprising of robots of all kinds.

こんなにもささいな出来事がありとあらゆるロボットたちの一斉蜂起の始まりだと思いついた者はいなかった。

例 The creepy <u>melody</u> that the serial killer always hummed was the lullaby his mother had sung to him while he was little.

連続殺人鬼がいつも口ずさんでいるあの不気味なメロディは、子どもの頃に母親から聞かされていた子守歌だった。

例 "I got it!" The detective, who had been decoding the code he had <u>transcribed</u> in his notebook, stood up from his chair.

「わかったぞ！」手帳に書き写した暗号を解読していた探偵は、椅子から立ち上がった。

417	**stroll** [stroʊl]	動 ぶらぶら歩く
		名 散歩

418	**support** [səpɔ́ːʳt]	動 〜を支える
		名 支え

419	**deprive** [dɪpráɪv]	動 〜から奪う
		関 deprive A of B　AからBを奪う

420	**deeply** [díːpli]	副 深く

421	**grateful** [gréɪtfəl]	形 感謝する
		副 gratefully　感謝して

422	**title** [táɪt̬l]	名 題, タイトル
		動 〜に表題をつける

423	**delightedly** [dɪláɪt̬ɪdli]	副 嬉しそうに
		動 delight　〜を大喜びさせる

424	**teardrop** [tíəʳdrɑːp]	名 涙の粒

425	**cheek** [tʃíːk]	名 頬

例 The ceiling boards in the man's closet were removable. He enjoyed <u>strolling</u> through the attic and peeking into others' rooms.

男の押入れの天井板は取り外すことができた。彼は屋根裏を歩いて他人の部屋を覗き見するのを楽しんでいた。

例 I need evidence to <u>support</u> my deduction. A strand of his hair would be enough to show that the man was really here.

この推理を支える証拠が必要だ。髪の毛一本でもあれば、あの男が本当にここにいたことが証明できるんだが。

例 The professor whose daughter was taken hostage was <u>deprived</u> of his freedom, and compelled to manufacture drugs.

娘を人質に取られた教授は自由を奪われ、ドラッグを大量生産することを強いられていた。

例 I rang the doorbell, but no one answered. I breathed <u>deeply</u>, turned the doorknob, and found it unlocked.

呼び鈴を鳴らしたが、返事はない。深呼吸をしてからドアノブを回すと、鍵はかかっていなかった。

例 I am <u>grateful</u> to you, for not realizing who I was until the statute of limitations had run out.

時効を迎えるまで私の正体に気づかないでいてくれて、感謝しています。

例 The detective noticed that all the books were arranged in order by the first letter of their <u>titles</u>, except for one book.

一冊を除いて、すべての本がタイトルの頭文字順に並べられていることに探偵は気づいた。

例 After murdering the woman, the culprit <u>delightedly</u> put one of the earrings that the victim was wearing in his pocket.

犯人は女性を殺害した後、彼女が身に着けていたイヤリングの片方だけを嬉しそうに自分のポケットに入れた。

例 "Why did you murder your wife, the only one who supported you?" On hearing this, a <u>teardrop</u> fell from the man's eye.

「なぜ唯一の理解者であった奥さんを殺したのですか?」その言葉を聞いて、男の目から涙が一滴こぼれた。

例 "You're not wearing that surgical mask since you have a cold, are you?" The man took it off to reveal a scratch on his <u>cheek</u>.

「あなたがマスクをしているのは、風邪気味だからではありませんよね?」男がマスクを外すと、その頬には引っかき傷があった。

25 *A Brand-New Life*

49

❶A doctor slowly unwrapped the bandages that were covering a young woman's <u>entire</u> body. ❷She looked at her reflection in a mirror. ❸It was her, but with an unfamiliar face. ❹She wept bitterly over the fate that she had to let go of what she had been. ❺She had cried so many times and thought her tears had dried up, but to her surprise, tears kept falling naturally. ❻But this was the only choice she had. ❼The doctor asked her one last time, "Sayaka, are you really sure about your decision to give up your real name and start a new life as 'Haruka Yamada' from tomorrow?"

† brand-new 真新しい   † let go of ~を手放す   † dry up かれる
† to one's surprise 驚いたことに   † one last time 最後にもう一度
† decision 決断   † give up ~を捨てる、~をやめる

entire

entire は en + tire に分解して、意味を推理することができる。en-は否定の意味を表す接頭辞。tire は「触る」という意味だ。よって、entire は「触れられていない、手をつけられていない」というイメージから、「完全な、全体の」という意味を表す。

❶若い女性の全身に巻かれていた包帯を、医者がゆっくりとほどいた。

❷女性は鏡に映った姿を見た。

❸それは自分だったが、見知らぬ顔だった。

❹今までの「自分」を手放さなくてはいけない運命に、彼女は号泣した。

❺今まで何度も泣いて、もう涙はかれたと思っていたが、驚いたことに、自然と涙がこぼれ続けた。

❻でも、こうするしかなかったのだ。

❼医者が、最後にもう一度尋ねた。「サヤカさん、本当の名前を捨て、明日から『ヤマダハルカ』として新しい人生を始めるという決断に、本当に迷いはありませんね？」

25 *A Brand-New Life*

❽She wiped away her tears and nodded **vigorously**. ❾It was about three years ago when she was attacked by her boyfriend who had turned into a stalker. ❿She miraculously survived. ⓫In the end, the criminal was sentenced to 20 years in prison. ⓬"He'll be out of jail in 20 years. ⓭Should I live in constant fear again?" ⓮Then, she found out there was a special measure for helping victims. ⓯The measure allowed victims to have a new family register and name, so that she could live a new life on the premise that her past self had died. ⓰She chose a new life without hesitation.

† **turn into** ～と化す、～に変わる　† **criminal** 犯人　† **prison** 刑務所
† **jail** 刑務所　† **victim** 被害者　† **family register** 戸籍
† **without hesitation** 迷うことなく、ためらわず

vigorously

「彼女は涙をふいて、vigorously うなずいた」とあるので、彼女がどのようにうなずいたのかを表す副詞であることは予想がつくだろう。語尾に副詞をつくる接尾辞 -ly がついているのがその証拠だ。では、vigorous の意味を紐解いていこう。vigor は「元気」、-ous は「～の多い」という意味で、単語の末尾について形容詞をつくる接尾語だ。つまり、vigorous とは「元気のある、力強い」という意味。そう、「彼女は涙をふいて、力強くうなずいた」のだ。

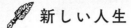

❽ 彼女は涙をふいて、力強くうなずいた。

❾ 彼女が、ストーカーと化した恋人に襲われたのは、およそ三年前。

❿ 奇跡的に一命はとりとめた。

⓫ 結局、犯人には、懲役二十年の判決が言い渡された。

⓬ 「二十年経てば、あの男が刑務所から出てくる。

⓭ 私は、またずっと怯えて暮らさなくてはいけないのだろうか?」

⓮ そんなとき、被害者を救済する特別な措置があることを知った。

⓯ その制度によって、被害者はかつての自分が死亡したという前提で、

新しい戸籍と名前を得て、新しい人生を生きることができた。

⓰ 彼女は、迷わず新しい人生を選んだ。

426	**unwrap** [ʌnrǽp]	動 ～をほどく, ～を開ける 対 wrap ～を包む
427	**bandage** [bǽndɪdʒ]	名 包帯 動 ～に包帯をする
428	**entire** [ɪntáɪɚ]	形 全体の 副 entirely まったく
429	**reflection** [rɪflékʃən]	名 (鏡などに)映った姿, 反射 動 reflect ～を反射する
430	**unfamiliar** [ʌnfəmíljɚ]	形 見知らぬ, なじみのない 対 familiar よく知られた
431	**weep** [wiːp]	動 しくしく泣く 活 weep-wept-wept
432	**bitterly** [bíṭɚli]	副 ひどく, 苦々しく 形 bitter 苦い
433	**fate** [feɪt]	名 運命 形 fatal 致命的な
434	**naturally** [nǽtʃərəli]	副 自然に

例 A package from an unknown person arrived on my birthday. I <u>unwrapped</u> it to find a key to a coin-operated locker.

誕生日に差出人不明の小包が届いた。包みを開けると、コインロッカーの鍵が入っていた。

例 Even though there is a suspicious person in a film, whose face is covered with <u>bandages</u>, they are not always the culprit.

包帯で顔を隠した不審な人物が映画に登場したとしても、彼らが犯人であるとは限らない。

例 The victim was nowhere to be found, but there was a terrible amount of blood throughout the <u>entire</u> room.

部屋全体におびただしい量の血痕が残されていたにもかかわらず、被害者の姿はどこにも見当たらなかった。

例 The next morning, when I looked at my <u>reflection</u> in the mirror, I saw a bruise on my cheek that looked like a face.

翌朝、鏡に映った姿を見ると、顔のように見えるアザが頬にできていたんです。

例 The man got creeped out by an <u>unfamiliar</u> woman looking through the peephole every night. So, he decided to move.

毎晩見知らぬ女がドアの覗き穴をのぞき込んでいるのを気味悪く思ったので、男は引っ越すことにした。

例 "I had to take away everything he cared about, to make him love me." The woman, who had killed her crush's family, <u>wept</u>.

「あの人に振り向いてもらうには、大切なものを全部奪うしかなかったの」片思いの相手の家族を殺した女は、しくしくと泣いた。

例 On a <u>bitterly</u> cold winter's day, a body was found in one of the cabins of a sleeper train, which was stranded in the snow.

ひどく寒い冬のある日、雪で立ち往生した寝台列車の客室のひとつで死体が発見された。

例 I realize my <u>fate</u> that I will die tomorrow, for my classmates are dying one by one in the order of our student numbers.

明日、自分が死ぬ運命にあることを私は悟った。同級生たちは、一人ずつ出席番号順に死んでいたのだ。

例 "My husband has been on a business trip abroad." I wonder if I said those words <u>naturally</u>, since in fact I killed and buried him.

「夫はしばらく海外出張に出ているんです」本当は、殺して埋めたのだけど、自然に言えていたかしら。

435	**wipe** [waɪp]	動 〜をふく
436	**nod** [nɑ:d]	動 うなずく
437	**vigorously** [vígərəsli]	副 力強く 形 vigorous 力強い
438	**miraculously** [mərǽkjələsli]	副 奇跡的に 形 miraculous 奇跡的な
439	**survive** [səˈváɪv]	動 生き残る 名 survivor 生存者
440	**sentence** [séntəns]	動 〜に（有罪）判決を宣告 する 名 （刑罰の）宣告
441	**constant** [kɑ́:nstənt]	形 絶え間ない 副 constantly 絶えず
442	**measure** [méʒəˈ]	名 措置, 寸法 動 〜を測る
443	**premise** [prémɪs]	名 前提 動 〜を前提とする

例 The criminal <u>wiped</u> away the blood splattered on the wall and ran away.

犯人は壁に飛び散った血をふき取ってから逃走した。

例 "Do you agree with the contents of your contract? If so, we will put your revenge plan in motion." I <u>nod</u> calmly.

「こちらの契約内容でよろしいでしょうか？ よろしければ、あなたの復讐計画を実行いたします」私は落ち着き払ってうなずいた。

例 The lawyer defended her client <u>vigorously</u>, "The righty defendant wouldn't have bothered to buy a left-handed knife."

「右利きの被告人が、わざわざ左利き用の包丁を購入するはずがありません」弁護人は依頼人を力強く弁護した。

例 I <u>miraculously</u> survived being killed because the bullet was stopped by the Bible in my breast pocket.

銃弾は胸ポケットに入れていた聖書に阻まれ、私は奇跡的に一命をとりとめた。

例 "ONLY ONE PERSON CAN <u>SURVIVE</u> AND ESCAPE FROM HERE." The participants of the Death Game looked at each other.

「生キ残リ、ココカラ脱出デキルノハ、タダ一人ダケダ」デスゲームの参加者たちは、お互いを見つめ合った。

例 When the defendant was <u>sentenced</u> to death, he shouted desperately, "I'll be waiting for you hypocrites in Hell!"

死刑判決が言い渡されると、被告人はやけになって叫んだ。「お前ら偽善者が堕ちてくるのを、地獄で待ってるぜ！」

例 He accidentally knocked over the *Jizo* on the roadside. Since then, he has experienced <u>constant</u> bad luck.

道端のお地蔵さまを誤って倒してからというもの、彼は絶え間ない不運にみまわれるようになった。

例 The police have taken drastic <u>measures</u> to arrest the culprit of the serial arson case. The price on his head is 10 million yen.

連続放火事件の犯人を逮捕するために、警察は思い切った措置を取った。一千万円の懸賞金がかけられたのだ。

例 On the <u>premise</u> that the victim was still alive even after being assaulted, this locked room murder can be explained.

暴行を受けてなお被害者が生きていたことを前提とすれば、この密室殺人は説明がつくんです。

26 *The First Date*

❶I succeeded in asking a girl out on a date to an amusement park. ❷I wasn't sure what to wear, but I was relieved to know she liked my jacket. ❸I was anxious if she was happy talking with me, but thanks to the book I read <u>beforehand</u>, she seemed to be enjoying my company. ❹When we went inside the haunted house, her smile disappeared and she was so terrified that she seemed to be overreacting. ❺It is said that you may seem more attractive to someone when their heart is beating fast, the so-called "suspension bridge effect." ❻After coming out of the haunted house, I mustered up the courage to confess my love to her. ❼That was when she stopped moving and her face froze.

† ask A out on a date Aをデートに誘う　† amusement park 遊園地
† anxious 不安に思う　† thanks to 〜のおかげで
† haunted house お化け屋敷　† so-called いわゆる
† muster up the courage to *do* 勇気を振り絞って〜する

beforehand

beforehand をそのまま訳すと「手の前」という意味だ。何か物事に取りかかるとき、私たちは日本語でも「手をうつ」「手をつける」など、「手」という言葉を使って表現する。そこから、「何か物事に取りかかる前」というイメージが湧いてこないだろうか。そう、beforehand は「事前に」という意味の副詞なのだ。

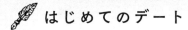

26 はじめてのデート

❶ ある女の子を、遊園地デートに誘うことに成功した。

❷ どんな服を着ていくか迷ったが、彼女が僕のジャケットを気に入ってくれて安心した。

❸ 僕との会話を喜んでくれるか不安だったけど、事前に読んだ本のおかげで、彼女は僕と一緒にいることを楽しんでいるようだった。

❹ お化け屋敷に入ると、彼女の笑顔は消え、大げさに思えるくらい怖がった。

❺ いわゆる「吊り橋効果」と呼ばれるもので、心臓が速く鼓動しているときほど、相手により魅力的に映ることがあるといわれている。

❻ お化け屋敷を出たところで、僕は勇気を振り絞って彼女に愛を告白した。

❼ その瞬間、彼女の動きは止まり、表情が固まった。

26

The First Date

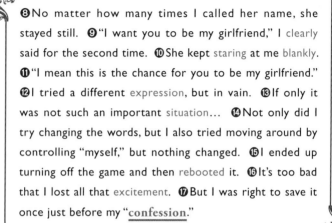

❽No matter how many times I called her name, she stayed still. ❾"I want you to be my girlfriend," I clearly said for the second time. ❿She kept staring at me blankly. ⓫"I mean this is the chance for you to be my girlfriend." ⓬I tried a different expression, but in vain. ⓭If only it was not such an important situation… ⓮Not only did I try changing the words, but I also tried moving around by controlling "myself," but nothing changed. ⓯I ended up turning off the game and then rebooted it. ⓰It's too bad that I lost all that excitement. ⓱But I was right to save it once just before my "<u>confession</u>."

† **no matter how** たとえどんなに〜でも　† **stay still** じっとしている
† **in vain** 無駄で　† **not only A but also B** AだけでなくBも
† **move around** 動き回る　† **end up** *doing* 結局〜することになる
† **turn off** 〜の電源を切る

confession

con- は接頭辞で「完全に」という意味。fess はラテン語の fari「言う」に語源がある。この両者を合わせた confess は「完全に言う」、つまり「すべてを打ち明ける」という意味。そこに動詞を名詞化する接尾辞の -ion がつき、confession は「告白」という意味になる。今回の物語では "愛" の告白をしているが、ミステリ小説では何か重大な "罪" の告白の場面で使われることも多いだろう。

❽ 何度名前を呼んでも、彼女は微動だにしない。

❾ 「僕の彼女になってほしい」、二度目ははっきりと言った。

❿ 彼女は、無表情にこちらを見つめ続けている。

⓫ 「俺の彼女になれるチャンスってことなんだけど」

⓬ 違う言い方を試してみたが、ダメだった。

⓭ よりによってこんな大事な場面で……。

⓮ 言葉を変えてみるだけでなく、「僕」を操作して動き回ってみたが、何も変わらなかった。

⓯ 結局、ゲームの電源を切って、再起動した。

⓰ せっかく盛り上がっていたのに、残念だな。

⓱ でも、「告白」の直前で、いったんセーブしておいて正解だった。

444	**relieved** [rɪlíːvd]	形 安心して
		名 relief 安心

445	**beforehand** [bɪfɔːˈhænd]	副 事前に
		対 afterward あとで

446	**company** [kʌ́mpəni]	名 付き合い, 会社

447	**disappear** [dìsəpíəʳ]	動 消える
		名 disappearance 消失

448	**terrified** [térəfaɪd]	形 怖がる
		動 terrify ～を怖がらせる

449	**overreact** [òʊvəriǽkt]	動 過剰に反応する
		名 overreaction 過剰反応

450	**attractive** [ətrǽktɪv]	形 魅力的な
		動 attract ～を引きつける

451	**beat** [biːt]	動 （心臓が）鼓動する, 打つ
		活 beat-beat-beaten

452	**freeze** [friːz]	動 動かなくなる, 凍る
		活 freeze-froze-frozen

例 I'm <u>relieved</u>, now that I cut my hair after I noticed that the victims in the case were all women with long dark hair.

事件の被害者が皆、長い黒髪の女性であることに気づいて髪を切ったので、もう安心です。

例 Her husband was having an affair. At dinner, she dropped a sleeping pill that she had obtained <u>beforehand</u> into his wine.

彼女の夫は浮気をしていた。夕食の席で、彼女は事前に入手していた睡眠薬を彼のワインに落とした。

例 "We are destined to be in each other's <u>company</u>." The wife strangled him and drank a large amount of the sleeping drug.

「私たちが一緒にいることは運命づけられているの」妻は夫を絞め殺し、大量の睡眠薬を飲んだ。

例 The phantom thief cast off his disguise and <u>disappeared</u> into the crowd.

怪盗は変装用の衣装を脱ぎ捨てると、人混みの中へ消えた。

例 The young female pop star was <u>terrified</u> to find a small camera in the eyes of a stuffed rabbit.

ウサギのぬいぐるみの目の中に小型カメラを見つけて、若い女性アイドルはぞっとした。

例 "I killed my wife!" Being asked about the culprit, the father <u>overreacted</u>, as if he were covering for someone else.

「妻を殺したのは私だ！」犯人について尋ねられると、父親はまるで誰かをかばうかのように過剰に反応した。

例 The offer seemed <u>attractive</u>, as it promised a huge payback. I realized it was a fraud after I invested my entire fortune.

巨額の報酬が約束されていたので、その申し出は魅力的に思えた。それが詐欺だと気づいたのは全財産を投資したあとだった。

例 Her heart <u>beat</u> faster when she recognized that the self-described police officer was wanted for robbery and murder.

警官を名乗る男が強盗殺人で指名手配されていることに気づくと、彼女の心臓は鼓動を速めた。

例 "<u>Freeze</u>!" shouted the police officer with a gun in his hand.

「動くな！」警官は銃を手に握りしめて叫んだ。

453	**clearly** [klíə˚li]	副 はっきりと 形 clear はっきりした
454	**stare** [steə˚]	動 見つめる 名 凝視
455	**blankly** [blǽŋkli]	副 無表情で, ぼんやりと 形 blank 白紙の, ぼんやりした
456	**expression** [ɪkspréʃən]	名 言い回し, 表現 動 express ～を表現する
457	**situation** [sìtʃuéɪʃən]	名 場面, 状況
458	**reboot** [rìːbúːt]	動 ～を再起動する 名 再起動
459	**excitement** [ɪksáɪtmənt]	名 興奮 動 excite ～を興奮させる
460	**confession** [kənféʃən]	名 告白 動 confess ～を告白する

例 "You are the culprit!", the detective said <u>clearly</u>, pointing his finger at one of the police officers.

「犯人はあなただ！」探偵は警官の一人を指さし、はっきりと言った。

例 The mother felt creepy when both her child and pet cat kept <u>staring</u> into space.

子どもと飼い猫がどちらも同じ空間をじっと見つめ続けているので、母親は気味が悪かった。

例 "I wish I could have killed one more person, who would have been the memorable tenth." The serial killer said <u>blankly</u>.

「もう一人殺せていたら、記念すべき十人目だったのに」連続殺人犯は無表情で語った。

例 "Thank you for the lovely time." The message left at the scene was the killer's <u>expression</u> of gratitude to the victim.

「素敵な時間をありがとう」現場に残されたメッセージは、被害者に対する感謝を殺人鬼が表現したものであった。

例 The newscaster reported about the <u>situation</u> caused by the earthquake. While she spoke, I overheard someone whisper "Help."

ニュースキャスターが地震によって引き起こされた状況を伝えていた。彼女が話しているとき、私は誰かが「助けて」とささやく声を聞いた。

例 "I wish I could <u>reboot</u> my life like a video game, but sadly I can't." The girl mumbled and jumped off the roof.

「人生もゲームみたいに再起動することができたらいいのに、残念だけど無理みたいね」少女はつぶやいて、屋上から飛び降りた。

例 "These are all my type." The killer evaluated the newly-arrived blunt instruments, unable to contain his <u>excitement</u>.

「どれもオレ好みだぜ」殺人鬼は新入荷の鈍器を品定めしながら興奮を抑えられなかった。

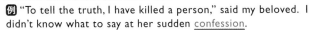

例 "To tell the truth, I have killed a person," said my beloved. I didn't know what to say at her sudden <u>confession</u>.

「実はね、わたし、人を殺したことがあるの」と、恋人は語った。彼女の突然の告白に、僕は何を言えばいいのかわからなかった。

❶ The suspect involved in a series of kidnappings was arrested. ❷ They were incidents where women about the same age and build were taken away from their houses. ❸ Other than some blood stains left at one crime scene, there was no evidence of the incidents. ❹ They didn't even know if the victims were still alive or dead. ❺ One day, the crime was discovered by chance. ❻ A woman who had been targeted had experience in martial arts, and she fought off the suspect. ❼ The police caught him **red-handed**, and thought he was involved in the series of kidnappings. ❽ However, the suspect kept silent even after his arrest. ❾ No one knew where the victims were and what kind of person the suspect was.

† whereabouts 行方　† a series of 一連の～　† crime scene 犯行現場
† by chance 偶然に　† martial art 格闘技　† fight off ～を撃退する
† keep silent 黙っている

red-handed

catch A red-handed とはそのまま訳すと「赤い手の A を捕まえる」という意味だ。何によって手が赤くなっているのだろうか？　想像できるのは、殺人犯の手に付着した血の赤である。「赤い手」とは、血がまだ手についている状態、つまり「現行犯で逮捕する」という意味だ。殺人事件に限らず、泥棒や浮気などの「現場を押さえる」という意味でも広く使われる語だ。

27 被害者たちの行方

❶ 連続誘拐に関わっていた容疑者が捕まった。

❷ それは、同じくらいの年齢と背格好の女性たちが、自宅から連れ去られるという事件であった。

❸ 犯行現場のひとつに残されていた多少の血痕を除けば、事件の証拠は見つからなかった。

❹ 被害者の生死さえわからない状況であった。

❺ ある日、犯行は偶然発覚した。

❻ ターゲットとされた女性が格闘技経験者で、容疑者を撃退したのだ。

❼ 警察は現行犯逮捕した男が、一連の誘拐事件に関係していると考えた。

❽ しかし、容疑者は逮捕後も黙秘をつらぬいた。

❾ 被害者たちの行方はおろか、容疑者が何者なのかさえわからなかった。

Whereabouts of the Victims

❿ The police were especially concerned about the condition of the victims. ⓫ This is because, if victims were **confined**, they might have no chance to eat anything. ⓬ The police finally decided to open a criminal investigation. ⓭ They publicized the mug shot and tried to get information to identify the suspect. ⓮ Soon, they started to get a lot of information. ⓯ The suspect was thought to be a person who provided science textbooks and materials for science classes at elementary schools. ⓰ One of the informants said, "He must not be working at a firm, but creating teaching materials for science classes on his own. ⓱ It seems that he had a good reputation for making high-quality materials. ⓲ The skeletal model was especially great, I heard. ⓳ They say it weighs exactly the same as that of a human's."

† mug shot 顔写真　† materials 教材　† elementary school 小学校
† informant 情報提供者　† skeletal model 骨格模型　† weigh (重さが)〜である

confine

confine は p.120 で取り上げた単語だが覚えているだろうか。con- は接頭辞で「ともに、一緒に」という意味。fine はラテン語の finis「終わり、境界」に語源がある。この両者を合わせた confine は「ともに」＋「終わる、境界をつくる」、つまり「〜を閉じ込める、〜を監禁する」という意味だ。

27 被害者たちの行方

❿ 警察は特に被害者たちの状態を心配していた。

⓫ なぜなら、もし被害者たちが監禁されているならば、彼女たちは食事も取ることができないはずだからだ。

⓬ 警察はついに公開捜査に踏み切った。

⓭ 顔写真を公開し、容疑者の身元を特定するための情報を得ようとした。

⓮ すぐに多くの情報が集まりだした。

⓯ 容疑者は小学校に理科の授業用の教材を提供する人物と考えられた。

⓰ ある情報提供者は言った。「彼、会社勤めじゃなくて、個人で理科の授業用の教具を作っている人物に間違いないよ。

⓱ 高品質な教材を作ることで評判がよかったらしい。

⓲ 特に、人体の全身骨格模型なんてすごいって聞いたな。

⓳ 重さまで人間の骨とぴったり同じなんだってさ」

461	**involve** [ɪnvάːlv]	動 ～を関係させる 関 be involved in　～に関係する
462	**kidnapping** [kídnæpɪŋ]	名 誘拐 動 kidnap　～を誘拐する
463	**arrest** [ərést]	動 ～を逮捕する 名 逮捕
464	**incident** [ínsɪdənt]	名 事件
465	**build** [bɪld]	名 (人・動物の)体格 動 ～を建てる
466	**stain** [steɪn]	名 汚れ, しみ 動 ～を汚す
467	**evidence** [évɪdəns]	名 証拠 関 destroy evidence　証拠を隠滅する
468	**discover** [dɪskÁvəʳ]	動 ～を発見する, ～を知る
469	**experience** [ɪkspíəriəns]	名 経験 形 experienced　経験豊かな

例 The detective knew that the victim's wife was <u>involved</u> in the incident since the first time he met her.

探偵は被害者の妻に初めて会ったときから、彼女が事件に関係していると気づいていた。

例 The victim of the <u>kidnapping</u> was the grandson of a megabank president.

その誘拐事件の被害者はメガバンクの頭取の孫息子だった。

例 I'm <u>arresting</u> you on suspicion of murder.

殺人の容疑であなたを逮捕します。

例 "The <u>incident</u> isn't happening in the meeting room!", cried the officer, who was found dead in the meeting room the next day.

「事件は会議室で起きてるんじゃない！」と叫んだ巡査は、翌日、会議室で死体となって発見された。

例 The same testimony was provided from several witnesses. The culprit seems to be a man of average height with a slim <u>build</u>.

複数の目撃者から同様の証言が得られました。犯人は中背で細身の男性のようです。

例 The man was rolling up his sleeves to hide the blood <u>stain</u> on his cuff.

男はシャツの袖口についた血痕を隠すために、腕まくりをしていた。

例 Could you show me the cuffs of your shirt? I think that the decisive <u>evidence</u> that you are the criminal will be there.

シャツの袖口を見せていただけませんか？ そこにあなたが犯人であるという決定的な証拠があると思うのですが。

例 The crime laboratory examined the hair left on the victim's clothes and <u>discovered</u> that the suspect might be a woman.

科学捜査研究所は被害者の衣服についていた頭髪を調べ、容疑者が女性である可能性を発見した。

例 Some serial killers have a childhood <u>experience</u> of abuse by a parent.

連続殺人鬼の中には幼少期に親からの虐待を受けた経験を抱える者がいる。

470	**especially** [ɪspéʃəli]	副 特に
471	**investigation** [ɪnvèstɪgéɪʃən]	名 捜査, 調査 動 investigate ～を調べる
472	**publicize** [pʌ́blɪsaɪz]	動 ～を公表する
473	**identify** [aɪdéntৃəfaɪ]	動 ～の身元を特定する 名 identification 身分証明書
474	**provide** [prəváɪd]	動 ～を提供する
475	**firm** [fəːˈm]	名 会社
476	**create** [kriéɪt]	動 ～を作る 名 creation 創作
477	**reputation** [rèpjətéɪʃən]	名 評判
478	**high-quality** [hàɪkwɑ́ːləৃi]	形 高品質な

例 She loved sweets, <u>especially</u> bean paste. You assumed that she would choose *Taiyaki* and poisoned it.

彼女は甘いもの、特にあんこが大好きだった。あなたは彼女がたい焼きを選ぶことを見越して、それに毒を仕込んだんだ。

例 The relationship between the suspect and victim is currently under <u>investigation</u>.

被疑者と被害者の関係は現在調査中です。

例 A threat that said "I will bomb the amusement park." was <u>publicized</u> on the Internet.

「遊園地を爆破する」という脅迫がネット上で公表された。

例 Dental records are an almost foolproof way to <u>identify</u> bodies.

歯の治療記録は遺体の身元を特定するほぼ確実な方法である。

例 The detective bribed the manager of the bar and asked him to <u>provide</u> information about the drug dealer.

探偵はバーのマスターを買収し、麻薬の売人に関する情報を提供するよう頼んだ。

例 The rents for all the properties that the real estate <u>firm</u> promoted were suspiciously low.

その不動産会社が販売に力を入れていた物件は、どれも賃料が疑いたくなるほど安かった。

例 The man <u>created</u> false documents showing his mother-in-law had been heavily indebted to him.

男は、義理の母親が彼に多額の借金を抱えていることを示す偽の書類を作成した。

例 The president was afraid of damaging the company's <u>reputation</u> and tried to hide the fatal defect of their leading product.

会社の評判に傷がつくのを恐れて、社長は主要製品の致命的な欠陥を隠蔽しようとした。

例 The assassin failed in his mission. His knife, which was known to be of high-quality, broke very easily.

暗殺者は任務に失敗した。高品質で知られているナイフが、いとも簡単に折れてしまったのだ。

28 *Zombies*

❶I regained consciousness and looked around. ❷Smoke was billowing out of wrecked cars and the town had become a wasteland. ❸I just remembered that an unknown virus had spread across the area, **transforming** people into zombies, who started attacking humans one after another. ❹I may have fainted while running away from the zombies. ❺Finding me stunned, people with a vicious look started attacking me. ❻One was swinging a metal bat around, while another was wildly firing a shotgun. ❼All I could do was run around. ❽It was completely dark outside when I finally got home, hiding behind buildings on the way.

† regain ～を取り戻す　† unknown 未知の　† virus ウイルス
† transform A into B AをBに変える　† wildly fire ～を乱射する
† shotgun 猟銃　† completely すっかり

transform

transform は trans + form に分解できる。trans- は変化を表す接頭辞で、ここでは「状態の変化」を表す。そして form は「形作る」という意味。よって transform は「別の状態へ形作る」こと、すなわち「～を変形させる、変化させる」という意味になると推理できる。

28　ゾンビ

❶ 僕は意識を取り戻し、周囲を見渡した。

❷ 破壊された車から煙がのぼり、町は荒れ地と化していた。

❸ 僕は思い出した、正体不明のウイルスがこのあたり一帯に蔓延し、人々をゾンビに変え、次々と人間を襲い始めたことを。

❹ ゾンビから逃げている途中で、意識を失ってしまっていたようだ。

❺ 呆然としている僕を見つけ、凶暴な顔つきの人々が襲いかかってきた。

❻ ある者は金属バットを振り回し、またある者は猟銃を乱射した。

❼ 僕は、ただ逃げ回ることしかできなかった。

❽ 道中、建物の物陰に隠れながらようやく自宅にたどり着いたときには、外はすっかり暗くなっていた。

231

28 *Zombies*

❾ I looked at myself calmly to find a lot of wounds all over my body. ❿ I was surprised at myself, for having managed to get back home despite being shot and slashed with a knife. ⓫ At the same time, I noticed something that made me uncomfortable. ⓬ "Do zombies attack people with weapons?" ⓭ Starting to feel uneasy, I went to the bathroom and looked in the mirror. ⓮ What I saw in the mirror was **<u>unmistakably</u>** a zombie. ⓯ Though seemingly vicious, those who attacked me were humans. ⓰ They humans attacked me trying to knock down a zombie. ⓱ My mind appears to be still a human, but my body has become a zombie. ⓲ How can I live my life from now on? ⓳ Am I immortal, or am I unable to die even if I want to for the rest of my life...?

† knock down ～を倒す　† mind 心　† from now on これから先

unmistakably

unmistakably は、un + mistake + able + ly の四つの要素から成り立っている。順番にみていこう。まず un- は否定を意味する接頭辞、mistake は「間違い」という意味の名詞、able は「～できる」という意味の形容詞、そして最後に副詞をつくる接尾辞 -ly がついている。よって、この単語は「間違えることができないように」、すなわち「まぎれもなく、間違えようのない」という意味だとわかる。

❾ 落ち着いて自分自身を見ると、体中に傷があった。

❿ 銃で撃たれたり、刃物で切りつけられたりしたにもかかわらず、よく無事に家に戻ってこれたものだと我ながら驚いた。

⓫ それと同時に、僕を不安にさせる何かに気づいた。

⓬ 「ゾンビが武器を使って、人間を襲うだろうか？」

⓭ 不安になって、僕は洗面所に行って鏡を覗き込んだ。

⓮ 鏡の中には、まぎれもなく、一体のゾンビがいた。

⓯ 見たところ凶暴だったけれど、僕を襲ってきたのは人間だったのだ。

⓰ 彼ら人間はゾンビを倒そうとして、僕に襲いかかってきたのだ。

⓱ 僕の心は人間のまま、体がゾンビ化してしまったらしい。

⓲ 僕はこの先、どのように生きたらよいのだろう？

⓳ 僕は不死身になったのか、それとも一生、死にたくても死ねない体になってしまったのだろうか……？

479	**consciousness** [kάːnʃəsnəs]	名 意識 形 conscious 意識のある
480	**billow** [bíloʊ]	動 (煙などが) もくもくと 立ちのぼる
481	**wrecked** [rekt]	形 破壊された 動 wreck ～を破壊する
482	**wasteland** [wéɪsɻlænd]	名 (戦争などで) 荒廃した 地域, 荒れ地
483	**faint** [feɪnt]	動 意識を失う 形 かすかな
484	**stunned** [stʌnd]	形 呆然とした 動 stun ～を気絶させる
485	**vicious** [víʃəs]	形 凶暴な, 悪意のある
486	**swing** [swɪŋ]	動 ～を振り回す 活 swing-swung-swung
487	**metal** [métl]	名 金属

例 The depictions of chloroform-soaked cloths causing people to lose <u>consciousness</u> are common in movies, but they are unrealistic.

クロロホルムが染み込んだ布で意識を失わせる描写は映画でよく見られるが、非現実的である。

例 My hometown was always dimmed by the black smoke <u>billowing</u> from the crematory chimney.

私の故郷の町は、火葬場の煙突から立ちのぼる真っ黒な煙のせいでいつも薄暗かった。

例 A <u>wrecked</u> car was found at the prefectural border. There were bloodstains in the car, but no people were found at the site.

大破した車が県境で見つかりました。車内には血痕が残っていましたが、現場に人影はありませんでした。

例 The kidnapper said to bring the ransom to the <u>wasteland</u> that had been a former amusement park some decades ago.

誘拐犯は、数十年前は遊園地だった荒れ地に身代金を持って来るように言った。

例 The place where the aircraft crashed was so gruesome that even the most experienced investigators almost <u>fainted</u>.

航空機の墜落現場は酸鼻を極め、ベテランの捜査員ですら気を失いかけてしまうほどだった。

例 Looking at the people who broke into our house, we were <u>stunned</u>. Their faces were exactly identical to each of us.

家へ押し入ってきた人々を見て、私たちは呆然とした。彼らの顔は、私たちの一人ひとりとまったく同じだったのだ。

例 The news story that a <u>vicious</u> criminal had escaped from prison was fake. It was made by the culprit who tried to distract us.

凶悪犯が刑務所から脱走したというニュースは嘘だった。犯人は私たちの注意をそらそうとして、それを用意したんです。

例 *Sasumata* is used to trap dangerous people who are <u>swinging</u> around knives, without getting close to them.

刺股を使うことで、刃物を振り回す危険人物に近づくことなく動きを封じることができる。

例 The cause of a <u>metal</u> part mixed into the school meals turned out to be a damaged machine in the manufacturing process.

給食に金属片が混入していた原因は、製造過程で用いられる機械の破損にあることが判明した。

488	**wound** [wuːnd] 🔍🔍🔍	名 傷 動 ～を傷つける
489	**despite** [dɪspáɪt] 🔍🔍	前 ～にもかかわらず 類 in spite of ～にもかかわらず
490	**slash** [slæʃ] 🔍	動 ～をさっと切る 名 切り傷 関 slasher 切り裂き魔
491	**uncomfortable** [ʌnkʌ́mftəbəl] 🔍🔍	形 落ち着かない 対 comfortable くつろいだ
492	**uneasy** [ʌníːzi] 🔍🔍	形 不安な 対 easy 楽な, 気楽な
493	**unmistakably** [ʌ̀nmɪstéɪkəbəli] 🔍	副 まぎれもなく 形 unmistakable 間違えようのない
494	**seemingly** [síːmɪŋli] 🔍	副 見たところ, 一見
495	**immortal** [ɪmɔ́ːrtl] 🔍	形 不死身の 名 不死の人
496	**rest** [rest] 🔍🔍🔍	名 残り, その他 関 rest of life 余生

例 "It's OK. It was only a scratch," said the captain, but his shirt was stained with blood coming from the <u>wound</u> in chest.

「大丈夫だ。ただのかすり傷だ」と警部は言ったが、彼のワイシャツは胸に負った傷口からにじみ出る血で染まっていた。

例 The detective was suspicious of the tourist because he was too familiar with the village, <u>despite</u> him saying it was his first time there.

初めての訪問だと言っていたにもかかわらず村のことを知りすぎていたので、探偵は観光客の男が怪しいと考えていた。

例 The suspect kept silent. He mimicked <u>slashing</u> his throat and stuck out his tongue to any questions from the officer.

容疑者は黙秘を続けた。刑事のどんな問いかけに対しても、喉をかき切り舌を垂らす真似で応えた。

例 "I'm <u>uncomfortable</u> thinking that there is a killer among us!" shouted the mayor, and returned to his room on his own.

「この中に殺人鬼がいると思うと気が休まらん！」町長はそう叫ぶと、一人で自分の部屋へ戻って行った。

例 The moment the people exchanged <u>uneasy</u> looks, the bellow of the mayor echoed throughout the building.

人々が不安そうに顔を見合わせた瞬間、町長の野太い悲鳴が建物じゅうに響いた。

例 "Judging from the crime scene, the culprit is <u>unmistakably</u> either a man or a woman," said the inept detective proudly.

「犯行現場から判断すると、犯人はまぎれもなく男性か女性ですね」迷探偵は堂々と言ってのけた。

例 The room was <u>seemingly</u> in the same state as it was, though the Vermeer painting on the wall was replaced with a fake.

見たところ部屋は元の状態と変わりなかったが、壁に掛けられたフェルメールの絵画が偽物にすり替えられていた。

例 The <u>immortal</u> monster felt immense grief over the loss of his lover. He tried, in vain, every means to commit suicide.

不死身の怪物は恋人を失って悲しみにくれた。自殺するためのあらゆる手段を試したが、無駄だった。

例 Only his head was left on the plate, the <u>rest</u> of his body is still missing.

彼の生首だけが皿の上に残されており、体の他の部分は今でも行方不明になっている。

29 *Anything You Want to Be*

57

❶A genie appeared from a lamp and said to an incredibly beautiful lady, "I'll transform you into anything you want to be!" ❷The beautiful lady asked with a dissatisfied look, "Anything I want to be? ❸I think you are supposed to grant me some wishes." ❹The genie answered, "Lately, more and more people have been using their wishes selfishly, for example, to murder someone. ❺They often complain about it later even though they asked for it themselves. ❻I cannot stand being blamed after granting their wishes, so I decided to accept only wishes that describe what they'd like to be." ❼She looked back on her life. ❽Taking advantage of her beauty, she had become whatever she wanted to be since her childhood. ❾She became a supermodel, a popular actress, and married to the president of a large company. ❿The only thing she was unable to <u>foresee</u> was that her husband was unexpectedly stingy.

† selfishly 自分勝手に　† blame ～を非難する　† look back on ～を振り返る

foresee

foresee は動詞 see「見る」に、「前」という意味の接頭辞 fore- がついたもの。よって foresee は「前もって見る」こと、すなわち「～を予見する、～を見通す」という意味になる。

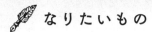

ミステリ 29　なりたいもの

❶ ランプから現れた魔神が、とてつもなく美しい女性に言った。「何でもあなたがなりたいものに、あなたを変えて進ぜましょう！」

❷ 美女は不満げな表情で尋ねた。「なりたいもの？

❸ 願い事を叶えてくれるんじゃないの？」

❹ 魔神は答えた。「最近、誰それを殺して、みたいな自分勝手な願い事をする人間が増えましてねぇ。

❺ 自分で頼んだクセに、あとから文句をつけてくることもあるんです。

❻ 願いを叶えて差し上げたのに非難されるのはガマンならないんで、『なりたいもの』の願い事だけをお受けすることに決めたんです」

❼ 美女は、自分の人生を振り返った。

❽ その美しさを武器に、彼女は小さな頃から何でもなりたいものになることができた。

❾ スーパーモデルや人気女優になり、大企業の社長と結婚した。

❿ 唯一彼女が見通せなかったのは、その夫が予想外にケチだったことだ。

239

29 *Anything You Want to Be*

⓫The beautiful woman hesitated a little more before **deciding** what she wanted to be. ⓬She made a declaration to the genie, "I've made up my mind. ⓭I wish to become a widow." ⓮The genie didn't refuse her demand, but rather smiled pleasantly. ⓯He answered, "As you wish," and vanished into thin air.

† make up one's mind 決心する

decide

decide は p.22 ですでに取り上げた単語だが覚えているだろうか。de ＋ cide に分解して、意味を推理してみよう。de- は分離を表す接頭辞。cide は「切る」という意味の語根。考えたり迷ったりしていることから「切り離す」というイメージから、decide は「〜を決心する、〜を決定する」という意味であることがわかる。

⓫ 美女は、さらに少し迷って、自分がなりたいものを決めた。

⓬ 彼女は魔神に宣言した。「決めたわ。

⓭ 私、未亡人になりたいわ」

⓮ 魔神は彼女の要求を断ることなく、むしろ嬉しそうに微笑んだ。

⓯ 「お望みのままに」と答えると、どこへともなく消えていった。

| 497 | **incredibly** [ɪnkrédəbli] | 副 とてつもなく |
| | | 形 incredible 信じられない |

| 498 | **transform** [trænsfɔ́ːrm] | 動 ～を変形させる |
| | | 名 transformation 変化 |

| 499 | **dissatisfied** [dɪssǽṭɪsfaɪd] | 形 不満な |
| | | 対 satisfied 満足した |

| 500 | **complain** [kəmpléɪn] | 動 文句を言う |
| | | 名 complaint 不平 |

| 501 | **beauty** [bjúːṭi] | 名 美しさ, 美人 |

| 502 | **childhood** [tʃáɪldhʊd] | 名 幼年時代 |

| 503 | **foresee** [fɔːrsíː] | 動 ～を見通す |
| | | 活 foresee-foresaw-foreseen |

| 504 | **unexpectedly** [ʌnɪkspéktɪdli] | 副 予想外に, 思いがけず |
| | | 形 unexpected 思いがけない |

| 505 | **stingy** [stíndʒi] | 形 ケチな |
| | | 対 generous 気前のよい |

例 "This is <u>incredibly</u> interesting." The physicist pushed up the bridge of his glasses with his middle finger.

「とてつもなく、興味深い」その物理学者は眼鏡のブリッジを中指で押し上げた。

例 The thief wore the uniform and <u>transformed</u> himself into a security guard, and got into the bank vault unsuspected.

泥棒は制服を身にまとい警備員に変身すると、怪しまれることなく銀行の金庫室に侵入した。

例 The young detective was <u>dissatisfied</u> with his boring job of interviewing residents around the crime scene.

その新米刑事は、犯行現場周辺の住民への聞き込みという退屈な仕事に不満だった。

例 He <u>complained</u> to his boss, but his boss didn't take him seriously and said, "Then you should achieve a better result."

彼は上司に文句を言ったが、「だったら結果を出すんだな」と言われ、まともに取り合ってもらえなかった。

例 The countess was rumored to have sprinkled herself with young maidens' blood in order to maintain her <u>beauty</u>.

その伯爵夫人は、美しさを保つために若い乙女の血を浴びていたと噂されていた。

例 Asked why he specifically targeted women, the serial killer said it was because his mother cruelly abused him in his <u>childhood</u>.

女性ばかりを執拗に狙う理由を尋ねられた連続殺人鬼は、幼少時代に母親から受けた激しい虐待を理由にあげた。

例 The horror movie becomes a smash hit. The director must have <u>foreseen</u> its success and probably wanted to set up a sequel.

そのホラー映画は大ヒットを飛ばしている。監督はヒットを見越して、おそらくは続編を作ろうとしていたに違いない。

例 That is because the film ends with a scene where the monster, which was supposed to be dead, opens its eyes <u>unexpectedly</u>.

というのも、死んだはずのモンスターが思いがけず目を開く場面で映画が終わっているからだ。

例 "You can only shoot two bullets! Bullets are very expensive!" The head of the police was famous for being <u>stingy</u>.

「撃っていいのは二発までだぞ！ 銃弾はとても高いんだからな！」その警察署の署長はケチなことで有名だった。

506	**hesitate** [hézɪteɪt]	動 迷う, ためらう
		関 not hesitate to *do* 遠慮なく〜する
507	**declaration** [dèkləréɪʃən]	名 宣言
		動 declare 〜を宣言する
508	**widow** [wídoʊ]	名 未亡人
509	**refuse** [rɪfjúːz]	動 〜を断る
		名 refusal 拒否
510	**demand** [dɪmǽnd]	名 要求
		動 〜を要求する
511	**rather** [ræðɚ]	副 むしろ, かなり
		関 rather A than B B よりもむしろ A
512	**pleasantly** [plézəntli]	副 嬉しそうに
		形 pleasant 楽しい
513	**vanish** [vænɪʃ]	動 消える
		関 vanish into thin air どこへともなく消える
514	**thin** [θín]	形 薄い, 痩せた
		対 thick 厚い, がっしりした

例 "Don't hesitate. He killed dad," the girl said to herself, and pointed her gun at the man she had been tracking down.

「ためらうな。こいつは父さんを殺したんだ」少女は自分にそう言い聞かせながら、その行方を追い続けてきた男に拳銃を突きつけた。

例 "My killings are art, comparable to Shakespeare's plays. Ophelia shall die next." The declaration in the threat boasted.

「私の殺しはシェイクスピア劇にも比肩する芸術である。次はオフィーリアが死ぬ番だ」脅迫状に書かれた宣言は豪語していた。

例 The declaration came true the following morning. The body of the widow was found floating in the river.

翌朝、その宣言は現実のものとなった。川に浮かんでいる未亡人の遺体が見つかったのだ。

例 The culprit refused to surrender himself to the police.

犯人は警察に自首することを拒んだ。

例 The demands of the organization who took the former prime minister hostage were to release their leader from jail.

前内閣総理大臣を人質に取った組織の要求は、服役中のリーダーの釈放だった。

例 The murderer "Undertaker in Hell" must be among us! I'd rather go back to my own room than stay here!

殺人鬼「地獄の葬儀社」はこの中にいるに違いない！　こんなところにいるくらいならむしろ、自分の部屋に戻ったほうがマシだ！

例 A man was skillfully walking through the festival. He even pleasantly smiled. "My job is going well." He was a pickpocket.

祭りの人混みを器用にすり抜けて歩く男。彼は嬉しそうに笑みさえ浮かべていた。「仕事がはかどるぜ」男はスリだった。

例 I lost my way, but I ran into a boy who took me to the village. When I tried to thank the boy, he had already vanished.

私は道に迷ったが、偶然出会った少年に村まで案内してもらった。お礼を言おうとすると、少年はすでにいなくなっていた。

例 True, an overweight person cannot disguise himself as a thin person, unless he is thin, but was pretending to be fat.

確かに、太った人が痩せた人に変装するのは不可能です。ただし、本当は痩せているのに太っているふりをしていたとしたら、話は別です。

The Memory of a Past-Past-Past Life

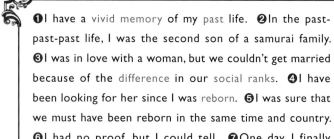

❶I have a vivid memory of my past life. ❷In the past-past-past life, I was the second son of a samurai family. ❸I was in love with a woman, but we couldn't get married because of the difference in our social ranks. ❹I have been looking for her since I was reborn. ❺I was sure that we must have been reborn in the same time and country. ❻I had no proof, but I could tell. ❼One day, I finally found her. ❽I recognized her immediately though she looked different. ❾When she came face to face with me, she was surprised. ❿I was sure that she also had memories of her past life and knew <u>instinctively</u> it was me. ⓫However, as soon as she saw me, she tried to run away.

† be in love with ～に恋して　† get married 結婚する　† proof 根拠、証拠
† immediately すぐに　† come face to face with ～と対面する

instinctively

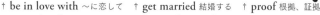

instinctively は、in + stinct + ive + ly に分解できる。in- は「中」を意味する接頭辞。stinct は動詞 sting と同じく「～を突き刺す」という意味の語根。-ive は単語を「～の性質をもつ人・もの」という意味の形容詞に変える接尾辞だ。よって instinct で「内部から刺すもの」、すなわち「本能、直感」という意味になり、instinctive は形容詞で「本能的な、直感的な」、instinctively は副詞で「本能的に、直感的に」という意味になることがわかる。

❶ 僕には、はっきりとした前世の記憶がある。

❷ 前前前世、僕は武家の次男だった。

❸ 好きな女性がいたのだが、社会的身分の違いから結婚できなかった。

❹ 生まれ変わった僕は、ずっと彼女を探している。

❺ 僕たちはきっと、同じ時代、同じ国に生まれ変わっているに違いない。

❻ 根拠はないが、はっきりわかるのだ。

❼ ある日、とうとう彼女を見つけた。

❽ 見た目は違っていたが、すぐに彼女だとわかった。

❾ 僕と対面して、彼女は驚いていた。

❿ きっと彼女も前世の記憶を持っていて、直感的に僕だとわかったのだ。

⓫ しかし、僕を見るなり彼女は走り去ろうとした。

The Memory of a Past-Past-Past Life

⓬ Getting flurried, I grabbed her arm. ⓭ "Wait! Don't you remember me? ⓮ I'm Shinnosuke, who was in love with you and <u>proposed</u> to you. ⓯ Why are you trying to run away from me?" ⓰ She answered with a stiff face from fear and a trembling voice, "Are you going to strangle me to death...again?" ⓱ With these words, I clearly remembered a memory that I had forgotten. ⓲ When my parents opposed our marriage, I suggested we should die together saying, "We'll be together in the afterlife." ⓳ However she turned me down. ⓴ That was how I strangled her and committed a double-suicide.

† **oppose** 〜に反対する　† **marriage** 結婚　† **turn A down** Aを断る
† **double-suicide** 心中

propose

propose は日本語でもカタカナ語で使われていることから、意味がわかる読者も多いだろう。念のため、物語の中で意味を確認しよう。I'm Shinnosuke, who was in love with you and proposed to you. 「君を愛して propose した、新之介だよ」とある。愛した女性を相手にすることといえば、「結婚を申し込む、プロポーズする」が正解だ。

⓬ 慌てて僕は彼女の腕をつかんだ。

⓭ 「待って！　僕のことを覚えていない？

⓮ 君を愛して結婚を申し込んだ、新之介だよ。

⓯ どうして僕から逃げようとするんだ？」

⓰ 彼女は、恐怖に顔をひきつらせ、震える声で答えた。「また……私の首を絞めて、殺すんですか？」

⓱ 彼女の言葉で、僕は忘れていた記憶をはっきりと思い出した。

⓲ 両親に結婚を反対された僕は、「あの世で添い遂げよう」と言って、一緒に死ぬことを提案した。

⓳ しかし、彼女は断った。

⓴ そうして僕は彼女を絞め殺し、心中したのだ。

249

515	**vivid** [vívɪd]	形 はっきりした, 鮮やかな 副 vividly 鮮やかに
516	**memory** [méməri]	名 記憶 動 memorize 〜を暗記する
517	**past** [pæst]	形 過去の 名 過去
518	**difference** [dífərəns]	名 違い 形 different 違った
519	**social** [sóuʃəl]	形 社会的な 名 society 社会
520	**rank** [ræŋk]	名 身分, 階級 動 〜を位置づける
521	**reborn** [rì:bɔ́ːˈn]	形 生まれ変わった
522	**instinctively** [ɪnstíŋktɪvli]	副 直感的に 形 instinctive 本能の

例 I had a dream where I murdered my girlfriend. It was so vivid that I was not feeling well when I woke up.

僕は恋人を殺してしまう夢をみた。それはとてもはっきりしていて、目を覚ましてからも気分が悪かった。

例 I still have the memory of stabbing her. I texted her, but there was no reply. It has been a week since then….

彼女を刺したときの感触がまだ記憶に残っている。彼女にメールを送ったが、返事はなかった。あれからもう一週間になる……。

例 The detective realized that the ongoing kidnapper was copying an unsolved case in the past decade.

現在進行中の誘拐犯が過去十年で起こった未解決事件を模倣していることに刑事は気づいた。

例 There was a slight difference in handwriting between the first and second threat letters.

一通目と二通目の脅迫状には、わずかな筆跡の違いがあった。

例 For detectives, social skills are essential. The key to solving a case is usually hidden in seemingly trivial conversations.

探偵にとって社交術は欠かすことができないものだ。事件解決の糸口は大抵、一見すると取るに足らない会話の中に隠れているものだからね。

例 My father was promoted two ranks to police superintendent after he was killed in the line of duty.

私の父は殉職し、二階級特進で警視となった。

例 "The ripper who shook London is reborn!" boasted the butcher, chopping the meat with brilliant skill.

「私はかつてロンドンを震撼させた切り裂き魔の生まれ変わりだ！」肉屋の主人は鮮やかな手つきで肉を切り刻みながら豪語した。

例 Criminals are liars. An experienced detective like me can instinctively tell whether a person is telling the truth or not.

犯罪者は嘘をつく。私くらいのベテラン刑事になると、相手が本当のことを言っているかどうか、直感的にわかるんだよ。

523	**flurry** [fláːri]	動 ～を動揺させる
524	**grab** [grǽb]	動 ～をつかむ
525	**propose** [prəpóʊz]	動 結婚を申し込む, 提案する
526	**stiff** [stíf]	形 ひきつった, 硬直した
527	**trembling** [trémblɪŋ]	形 震える 動 tremble 震える
528	**strangle** [strǽŋgəl]	動 ～を絞め殺す
529	**forget** [fɔˈɡét]	動 ～を忘れる 活 forget-forgot-forgotten
530	**suggest** [səɡdʒést]	動 ～を提案する 名 suggestion 提案
531	**afterlife** [ǽftəˈlaɪf]	名 あの世, 来世

例 The rescuers were <u>flurried</u> at seeing the bodies on a snowy mountain because some of them were naked.

雪山で複数の遺体を見て救助隊員たちは動揺した。いくつかの遺体は服を着ていなかったからだ。

例 The criminal <u>grabbed</u> a knife from the counter screeching, "Don't come any closer! If you dare come closer, I will kill myself!"

犯人はカウンターの上に置かれたナイフをつかみ、「近寄らないで！ これ以上近づいたら、死んでやる！」と金切り声で叫んだ。

例 Don't ever say "I'm going to <u>propose</u> to her after this case is solved." Anyone who makes such a promise usually dies.

「この事件が解決したら、彼女に結婚を申し込むんだ」なんて、口が裂けても言うんじゃないぞ。そういう約束をしたやつは大抵、死ぬもんだ。

例 The body's neck and jaw usually become <u>stiff</u> in two to three hours, and the stiffness spreads to other parts within twelve hours.

死体は通常二、三時間で首や顎が硬直し始め、十二時間で他の部位に及ぶ。

例 "Police! Freeze!" The rookie cop aimed her gun at the culprit with <u>trembling</u> hands.

「警察だ！ 動くな！」新米刑事は震える手で犯人に向かって銃を突きつけた。

例 Considering that the culprit <u>strangled</u> the victim using his own hands, it may well be said that it was an impulsive murder.

犯人は素手で被害者を絞め殺していることから、衝動的な殺人とみて間違いないだろう。

例 "I said I <u>forgot</u> and forgave everything. I lied." The gang boss said, and his gun fired.

「過去のことはすべて忘れて許すと言ったな。あれはウソだ」そう言うと、組長の銃が火を噴いた。

例 "Kill my husband, and I'll kill your wife." The beauty I met for the first time <u>suggested</u> a murder swap.

「私の夫を殺してくれたら、あなたの奥さんを殺してあげるわ」はじめて会ったにもかかわらず、その美女は交換殺人を提案した。

例 No one will come to save you. I've killed your boyfriend! Don't worry, you'll meet each other soon…in the <u>afterlife</u>!

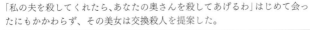

助けなんてこないさ。お前の彼氏は俺が殺してやった！ 心配はいらないぜ、すぐに会わせてやるよ……あの世でな！

31 *Murder at the House of Wax*

61

❶ Ten guests were invited to the old European-style house. ❷ They went to the dining hall and were shocked to see life-size wax dolls that looked exactly the same as themselves. ❸ The next morning, they found the head of a doll on the floor. ❹ It was the one **resembling** a young male guest. ❺ They couldn't find him anywhere. ❻ The rest of them felt anxious, and rushed to his room. ❼ They found the young man dead, and his head had been cut off. ❽ That was the beginning of serial murders that occurred every night after that. ❾ On the evening of the fifth day, one of the guests, who identified himself as a detective, pointed to a woman and said, "You are the murderer!"

† European-style house 洋館　† life-size 等身大の　† wax doll 蝋人形
† male 男性の　† rest of ～の残り　† rush to ～に駆けつける
† identify oneself as ～と名乗る

resemble

resemble は re + semble に分解できる。接頭辞の re- はラテン語で「再び、お互いに」という意味。メールを返信するとき件名に Re: と付くのもここからきている。semble は similar や same と同じ語源で、「同様な」という意味だ。これらの手がかりから、resemble とは「お互いに同様な」、つまり「似ている」という意味だと推理できる。

31 蝋人形館殺人事件

❶ 古い洋館に十人の客が招かれた。

❷ 食堂を訪れた彼らは、自分たちとまったく同じ等身大の蝋人形を見て、驚いた。

❸ 翌朝、彼らは床に一体の人形の頭が落ちているのを見つけた。

❹ それは、若い男性客に似た人形のものだった。

❺ 彼の姿は、どこにも見当たらない。

❻ 嫌な予感がして、他の全員が彼の部屋に駆けつけた。

❼ 若い男は首を切断され、死んでいた。

❽ それは、それから毎夜起こる連続殺人事件の幕開けだった。

❾ 五日目の晩、探偵を名乗る一人の招待客が、一人の女性を指さして言った。「殺人犯は、貴女だ！」

31

Murder at the House of Wax

⑩They looked in her room and found a bloody knife carefully hidden by her. ⑪Also, they found the murder plans in secret files on her laptop. ⑫Now that every detail of her crime was revealed, she shook with anger and said, "How did you figure out that I did it? ⑬It was supposed to be such a perfect crime!!" ⑭"I suppose everyone here realized you were the one once they saw that," said the detective awkwardly, pointing at the doll of her. ⑮"It must be the murderer who created that doll. ⑯All the other ones are totally <u>identical</u> to the real people, whereas that one is...too beautiful! ⑰You made it so much prettier than you actually look, you don't know what you really look like !!"

† hide ～を隠す　† secret 秘密の　† laptop ノートパソコン
† figure out ～がわかる　† once ～した時点で　† create ～を作る
† whereas ～であるのに

identical

identical の語源は「同じもの」を意味するラテン語の idem だ。identity「アイデンティティ、自己同一性」と同じ語源である。そして -ical は形容詞をつくる接尾辞。つまり、identical は「同一の」という意味となる。A is identical to B「AはBとまったく同じ」という表現で用いられる単語だ。

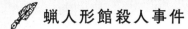
⓾ 女性の部屋を調べると巧妙に隠された血のついたナイフが発見された。

⓫ ノートパソコンの隠しファイルからは殺人の計画書も見つかった。

⓬ いまや犯行のすべてを暴かれ、女性は怒りでワナワナと身体を震わせ
ながら言った。「どうして、私がやったと気づいたの？

⓭ 完全犯罪だと思ったのに！！」

⓮ 「ここにいる全員が、貴女が犯人だということに気づいていたと思い
ますよ、あれを見たときからね」探偵は気まずそうに言って、彼女を模
した蝋人形を指さした。

⓯ 「あの蝋人形を作ったのは殺人犯でしょう。

⓰ 他の人形はすべて、実物とまったく同じに作られているのに、あなた
の蝋人形だけは……美しすぎる！

⓱ 貴女は、実際の見た目よりも盛りすぎた、自分自身が本当はどう見え
ているか、わかっていなかったんです！！」

532	**guest** [gest]	名 (招待された) 客 関 customer (商店などの) 顧客
533	**invite** [ɪnváɪt]	動 〜を招待する 名 invitation 招待, 招待状
534	**hall** [hɔːl]	名 広間
535	**shocked** [ʃɑːkt]	形 驚いた 名 shock 衝撃
536	**exactly** [ɪgzǽktli]	副 まったく, ちょうど 形 exact 正確な
537	**serial** [síəriəl]	形 連続的な 関 serial number 通し番号
538	**occur** [əkɔ́ːʳ]	動 起こる 名 occurrence 出来事
539	**detective** [dɪtéktɪv]	名 探偵, 刑事
540	**murderer** [mɔ́ːʳdərəʳ]	名 殺人犯 類 killer 殺人者

例 The terrorists chuckled, viewing the names on the <u>guest</u> list that they stole.

盗み出した招待客リストに掲載された名前を眺めながら、テロリストたちはほくそ笑んだ。

例 Many celebrities were <u>invited</u> to the party which was hosted by the largest luxury hotel chain in the world.

世界最大の高級ホテルチェーンが主催したパーティには、たくさんの有名人が招待されていた。

例 During the hotel owner's speech, the lights in the <u>hall</u> suddenly went out, and multiple gunshots were heard.

ホテルのオーナーによるスピーチの最中、広間の明かりが突然消え、複数の銃声が響いた。

例 The guests were <u>shocked</u> at the gunshots and rushed to the entrance to get out, but the doors were locked.

招待客たちは銃声に驚き、外へ出ようと入口に駆け寄ったが、ドアには鍵がかけられていた。

例 The kidnapper demanded that the father put the money in the locker at the station at <u>exactly</u> midnight.

金を深夜十二時ちょうどに駅のロッカーの中に入れろと誘拐犯は父親に要求した。

例 The police officers worked together to transcribe the <u>serial</u> numbers of all the bills being used to pay the ransom.

警察官たちは協力して身代金の支払いに使われるすべての紙幣の通し番号を書き写した。

例 Don't you think it's strange that a very similar accident could <u>occur</u> again in the same place at the same time of day?

同じ時間に同じ場所で同じような事故がまた起こるなんて、おかしいとは思わないか？

例 Any knowledge, including trivial facts, may come in handy for a <u>detective</u>.

探偵にとっては、雑学を含むあらゆる知識が役に立つ。

例 The <u>murderer</u> pointed a knife at the hostage and shouted, "Keep away from me!"

殺人犯は人質にナイフを突きつけて、「俺に近づくな！」と叫んだ。

| 541 | **bloody** [blʌ́di] | 形 血のついた, 血だらけの |
| | | 名 blood 血 |

| 542 | **crime** [kraɪm] | 名 犯行, 罪 |
| | | 関 commit a crime 罪を犯す |

| 543 | **reveal** [rɪvíːl] | 動 ～を暴く, ～を明らかにする |
| | | 対 conceal ～を隠す |

| 544 | **anger** [ǽŋgəʳ] | 名 怒り |

| 545 | **suppose** [səpóʊz] | 動 ～ではないかと思う |
| | | 関 be supposed to *do* ～することになっている |

| 546 | **awkwardly** [ɔ́ːkwəʳdli] | 副 気まずそうに |
| | | 形 awkward 不器用な |

| 547 | **totally** [tóʊʈli] | 副 まったく, 完全に |
| | | 形 total 全体の |

| 548 | **identical** [aɪdénʈɪkəl] | 形 まったく同じ, 同一の |
| | | 関 identical to ～と一致する |

例 A <u>bloody</u> jacket was found in a park trash can. It must have been the culprit's, taken off by him when he was running away.

公園のゴミ箱から血だらけのジャケットが発見された。犯人が逃走中に脱ぎ捨てたものとみて間違いないだろう。

例 This is not a suicide. It's a homicide, and it was a premeditated <u>crime</u>.

これは自殺ではありません。他殺、しかも計画的な犯行です。

例 Nobody has <u>revealed</u> the identity of the phantom thief yet.

あの怪盗の正体を暴いた者はまだ誰もいない。

例 The man, betrayed by his lover, could not control his <u>anger</u> and strangled her impulsively.

恋人に裏切られた男は怒りを抑えることができず、衝動的に彼女を絞め殺してしまった。

例 I <u>suppose</u> the governess isn't the culprit. It must be someone else.

私が思うに、住み込みの家庭教師である女性は犯人ではありません。真犯人は別にいるはずです。

例 The assassin failed to kill his target. He said <u>awkwardly</u> to his client, "Would you push back the deadline for another week?"

暗殺者は標的を始末し損ねた。「一週間、期限を延ばしてもらえませんか？」と、彼は気まずそうに依頼人に頼んだ。

例 After the second body was found, we realized that we had <u>totally</u> misunderstood where the first murder had taken place.

二つ目の遺体が発見されたあと、俺たちは最初の殺人が行われた場所を完全に勘違いしていたことに気づいたんだ。

例 The suspect's shoe size was <u>identical</u> to that of the footprints left at the crime scene.

容疑者の靴のサイズは犯行現場に残された足跡とまったく同じだった。

The Blind Spot of a Huge Company

63

❶ There was a huge company with more than a thousand employees working on each floor. ❷ They were working in night and day shifts, and the office's lights never went off for 24 hours, 365 days a year. ❸ One day, they decided to relocate the office and demolish the building because the number of the employees was going to increase more. ❹ While one of the wrecking crew workers was checking the floor for a final inspection, he noticed that a toilet **cubicle** door was closed. ❺ He thought its lock was broken, so he used some tools to wrench the door open.

† blind spot 死角　† huge 巨大な　† employee 従業員
† decide to *do* ～することに決める　† increase 増える
† wrecking crew 解体作業者の一団　† notice ～に気づく

cubicle

「toilet cubicle door…?　トイレとドアはわかるけど、cubicle って何だろう?」そう思った読者も多いのではないだろうか。こういうときは、単語の中にヒントが隠されているかもしれない。cubicle の cub に注目してみよう。これは sugar cube「角砂糖」などで使われている cube と同じ意味で、「立方体」を表す。トイレにあるドアがついた立方体と言えば、そう、トイレの「個室」のことだ。つまり、cubicle は「仕切られた小部屋」を意味する名詞だ。

32　大企業の死角

❶ それぞれのフロアで千人以上の従業員が働く、巨大企業があった。

❷ 社員は昼夜交替で働き、二十四時間三百六十五日、一年中オフィスの照明が消えることはなかった。

❸ ある日、さらに従業員が増えることになったため、社屋を移転し、ビルを取り壊すことが決まった。

❹ 解体作業員がフロアをめぐり最終点検をしていると、あるトイレの個室のドアが閉まっていることに気づいた。

❺ ロックが壊れていると思った作業員は、道具を使って、そのドアをこじ開けた。

The Blind Spot of a Huge Company

❻The worker opened the door, and he was so shocked that he couldn't keep standing. ❼There was a mummy sitting on a toilet seat. ❽The mummy turned out to be an employee, who suddenly quit coming to work and was fired about a year earlier. ❾It was **assumed** that he had died from a heart attack while he was in the toilet cubicle. ❿He didn't have any family members, so no one tried to look for him. ⓫It was sometimes said that young people nowadays suddenly quit coming to work. ⓬Though the cleaning staff and employees thought, "There is someone who is always using that cubicle," no one thought that the employee had been dead there. ⓭They had more important work to consider other than that.

† keep *doing* ~し続ける　† turn out to be ~であることがわかる
† heart attack 心臓発作　† family members 家族　† though ~だけれども

assume

assume は p.162 で取り上げた単語だが、覚えているだろうか。as + sume に分けてその意味を推理してみよう。まず、as- は「~に向かって」という意味の接頭辞 ad- の変化した形。そして sume は「思う」という意味を表す。これらの手がかりを考え合わせた「ある方向に向かって思う」というイメージから、assume は「推測する、思い込む」という意味である。

❻ドアを開けた作業員は、驚きのあまり腰を抜かした。

❼ミイラが便座に座っていたからである。

❽そのミイラは一年前に突然、出社しなくなり、解雇された社員であることがわかった。

❾トイレの個室に入っていたとき、心臓発作で亡くなったと考えられた。

❿家族もいなかったことから、誰も彼を探そうとしなかったのだ。

⓫最近の若者は突然、会社に来なくなると言われたこともあった。

⓬清掃員や社員は「あの個室、いつも誰かが使っているな」と思っていたものの、そこで社員が死んでいたとは、誰も考えなかった。

⓭それ以外に、考えるべきもっと重要な仕事があったのだ。

549	**shift** [ʃɪft]	名 （勤務の）交替, シフト 関 double shift 二交代制
550	**relocate** [rì:lóʊkeɪt]	動 ～を移転させる
551	**demolish** [dɪmá:lɪʃ]	動 ～を取り壊す
552	**final** [fáɪnəl]	形 最後の 副 finally ついに
553	**inspection** [ɪnspékʃən]	名 点検, 調査 動 inspect ～を詳しく調べる
554	**cubicle** [kjú:bɪkəl]	名 個室 名 cube 立方体
555	**lock** [lɑ:k]	名 ロック, 錠 動 ～の錠をかける
556	**tool** [tu:l]	名 道具
557	**wrench** [rentʃ]	動 ～をねじる 関 wrench A open Aをこじ開ける

例 Many witnessed a phantom boy in a hospital. Mysteriously, most of the witnesses were nurses on the day <u>shifts</u>.

ある病院で、男の子の幽霊が相次いで目撃された。不可解なことに、目撃者の多くは昼間シフトの看護師だった。

例 Because of this rumor, most patients stopped coming to the hospital. The director decided to <u>relocate</u> the hospital.

その噂が理由で、ほとんどの患者はその病院に来なくなってしまった。院長は病院を移転することを決めた。

例 When they were <u>demolishing</u> the building, many fragments were found, which were identified as parts of the skeleton of a boy.

建物を取り壊している最中に見つかった多数の破片は、男の子の骨の一部であることが判明した。

例 The psycho killer made the hostages kill each other. As a <u>final</u> touch, he killed the last hostage by himself.

猟奇殺人犯は人質たちに殺し合いをさせた。最後の仕上げとして、残った一人を自らの手で殺害した。

例 Upon close <u>inspection</u>, every work of the potter who died suddenly had the date of her death written in small letters.

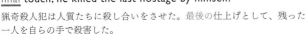

詳しい調査の結果、急逝した陶芸家のすべての作品に、彼女が亡くなった日付が小さな文字で記されていることがわかった。

例 Nobody imagined that the hacker had accessed a computer from one of the <u>cubicles</u> in an Internet café located in a slum.

そのハッカーがスラム街にあるネットカフェの個室からコンピュータにアクセスしていたとは、誰も想像すらしなかった。

例 The only key to open the <u>lock</u> was in the hand of the victim. This means that this is a locked room murder.

錠を開けることができる唯一の鍵は、被害者の手に握られていました。これはつまり、密室殺人ということです。

例 I, a genius thief, do not need special <u>tools</u> to unlock doors. I only need a single ballpoint pen to break into rooms.

天才的な大泥棒である私にドアの鍵を開けるための特別な道具は必要ない。ボールペン一本さえあれば、どこへだって侵入できる。

例 The hostage <u>wrenched</u> herself free from the ropes and knocked the culprit unconscious with a roundhouse kick.

人質は体をねじって縄から逃れると、回し蹴りで犯人を気絶させた。

558	**mummy** [mámi]	名 ミイラ
559	**quit** [kwɪt]	動 ～をやめる 関 quit *doing*　～することをやめる
560	**fire** [fáɪəʳ]	動 ～を解雇する
561	**die** [daɪ]	動 死ぬ 関 pass away　死ぬ（die の婉曲表現）
562	**nowadays** [náʊədeɪz]	副 最近は 関 recently　最近は
563	**staff** [stæf]	名 職員
564	**important** [ɪmpɔ́ːʳtnt]	形 重要な 名 importance　重要性
565	**consider** [kənsídəʳ]	動 ～についてよく考える 名 consideration　熟慮

例 The security guard at the museum had a suspicion that the <u>mummy</u> of a Pharaoh was moving bit by bit each night.

博物館の警備員は、ファラオのミイラが夜な夜な少しずつ動いているのではないか、という疑念を抱いた。

例 The soccer player got a red card for a violent act. After he <u>quit</u> playing and left the pitch, he was found dead in the locker room.

そのサッカー選手は危険行為でレッドカードをもらった。プレイをやめピッチを去った後、彼は更衣室で死体となって発見された。

例 After being <u>fired</u> from his job, the suspected man appears to have shut himself in his apartment.

職場を解雇されてから、容疑者の男はアパートに閉じこもっているみたいですね。

例 There was a cruel tradition in the village. Girls were made to marry young men who <u>died</u>, and then were buried together.

その村には残酷な風習があった。若くして亡くなった男性に少女をめとらせ、ともに埋葬するというのだ。

例 The serial kidnapper is still on the run. The parents said, "We can't even let our kids go to school <u>nowadays</u>."

例の連続誘拐犯は依然逃走中である。「最近ではもう、子どもたちを学校にさえ通わせられない」と親たちは語った。

例 The man was an "outsider." He kept working in a hospital as a cleaning <u>staff</u> and writing unrealistic stories for decades.

その男は「よそ者」であった。病院の清掃員として働きながら、数十年にわたって非現実的な物語を書き続けた。

例 "We might be overlooking something very <u>important</u>…" said the detective, and paced up and down the room.

「私たちはすごく重要な何かを見落としているのかもしれない……」探偵はそうつぶやき、部屋の中をうろついた。

例 The criminal <u>considered</u> several scenarios in case he encounters someone like the grandchild of the great detective.

名探偵の孫か誰かに出くわした場合を想定して、犯人はいくつかの筋書きを考えていた。

❶ At midnight, only streetlamps lit up the streets in a residential area. ❷ When a man hurried back home, a boy, who was probably about pre-school age, suddenly ran in front of him. ❸ Then a woman who seemed to be the boy's mother chased him frantically. ❹ He ran away to avoid getting caught by his mother. ❺ "It's time to stop. ❻ Go home," his mother said, but he hid behind the man and cried, "You are not my mother!" ❼ Waiting for the right moment, he started to run at breakneck speed. ❽ "You know, he is my stepson. ❾ He hasn't **recognized** me as his mother yet...," his mother said shyly and went after him again. ❿ Eventually, the man couldn't see them anymore.

† whereabouts 行方　† streetlamp 街頭　† avoid *doing* ～しないようにする
† recognize A as B AをBと認める　† go after ～を追いかける

recognize

recognize は re + cognize に分解できる。まず、re- は「再び」を意味する接頭辞。次に cognize は「～を認識する、～を知る」という意味の動詞である。これらの手がかりから recognize は「再び認識する」、つまりすでに見知っている人・ものが「誰か・何かであるとがわかる」ことを表す動詞だと推理できる。ちなみに -ize は接尾辞で、単語の末尾につきその単語を「～する」という意味の動詞に変化させる。このことからも recognize が動詞であることがわかるだろう。

ミステリ 33　子どもの行方

❶ 真夜中、街灯だけが住宅街の道路を照らしていた。

❷ 男が帰途を急いでいると、おそらく小学校に通う前の年頃であろう男の子が突然、目の前に飛び出してきた。

❸ そして、男の子の母親らしき女性がそのあとを必死に追いかけてきた。

❹ 男の子は、母親に捕まらないよう逃げた。

❺ 「いい加減にしなさい。

❻ 家に戻りなさい」と母親が言うが、男の子は男の後ろに隠れると「お前なんか、ママじゃない！」と叫んだ。

❼ 少年は隙を見て、猛スピードで走り出した。

❽ 「あの、再婚相手の連れ子なんです。

❾ まだ私を母親と認めてくれなくて……」母親は恥ずかしそうに言って、再び男の子を追いかけた。

❿ やがて、男には二人の姿が見えなくなった。

33 *The Whereabouts of a Child*

⓫ The next day, the TV news was reporting that an incident occurred in a residential area late at night. ⓬ It took place near where the man had encountered the mother and son. ⓭ The news <u>outlined</u> an incident in which a young couple had been brutally murdered by someone. ⓮ Then he was astonished to see a photo of their only son, who was said to be missing. ⓯ It was the boy he had seen the previous night. ⓰ The screen then switched to show the picture of the murdered couple again. ⓱ "Seriously? The mother is not the woman I saw last night..." ⓲ The boy was still missing. ⓳ Did he succeed in running away, or...

† report ～を伝える、～を報告する † take place 起こる

outline

日本語でもアウトラインと言うように、英語の outline は「輪郭」や「輪郭を描く」という意味で使われる。しかし、この物語に登場する outline の意味は少し異なる。The news outlined an incident ... という文の主語は The news「ニュース」、そして目的語は an incident「事件」である。ニュースは事件の「概要を述べる」ものだ。このように outline には「(出来事・計画など) の概要を述べる」という動詞の意味もあるので覚えておこう。

33　子どもの行方

⓫ 翌日、テレビニュースが、夜遅くに住宅街で起きた事件を伝えていた。

⓬ それが起こったのは、男が母子に遭遇した場所の近くであった。

⓭ ニュースでは、若い夫婦が何者かに惨殺されたという事件の概要が述べられていた。

⓮ 行方不明になっているという一人息子の写真を見て、男は驚いた。

⓯ それは昨夜遭遇した男の子であった。

⓰ そして画面は切り替わり、殺害された夫婦の写真が再び映し出された。

⓱ 「マジかよ？　この母親、昨晩見た女性じゃない……」

⓲ 男の子はまだ行方不明のままである。

⓳ 彼は逃げるのに成功したのか、それとも……。

566	**midnight** [mídnaɪt]	名 真夜中, 夜の十二時
		関 the middle of the night　深夜
		late at night　夜遅く
567	**residential** [rèzɪdénʃəl]	形 住宅の
		名 residence　住宅
568	**probably** [prá:bəbli]	副 おそらく
		類 perhaps　おそらく
569	**pre-school** [prì:skú:l]	形 小学校に通う前の, 未就学の
570	**chase** [tʃeɪs]	動 ～を追いかける
		名 追跡
571	**frantically** [frǽnṭɪkəli]	副 必死に, 半狂乱で
572	**breakneck** [bréɪknek]	形 (危険なまでに) 速い
		関 breakneck speed　猛烈なスピード
573	**stepson** [stépsʌn]	名 連れ子, 継息子
		関 stepdaughter　継娘
		stepchild　継子
574	**shyly** [ʃáɪli]	副 恥ずかしそうに
		形 shy　恥ずかしがりの

例 It was strange that I heard a loud sound at <u>midnight</u> from the apartment next door, as the neighbor had moved out last month.

真夜中、アパートの隣の部屋から大きな物音が聞こえてきたのは奇妙だった、というのも先月、隣人は引っ越したからだ。

例 The next day, I found a notice at the entrance of the apartment that said theft cases were increasing in this <u>residential</u> area.

翌日、アパートの出入口に、この住宅街で空き巣事件が増えているという張り紙を見つけた。

例 According to the witness, the fugitive was <u>probably</u> 170 centimeters tall but of unknown nationality.

目撃者によると、逃げた犯人はおそらく百七十センチメートルくらいの身長で、国籍不明だったそうだ。

例 Since the kidnappings of <u>pre-school</u> children were reported, few children have been seen playing in parks.

未就学児の連続誘拐事件が報道されて以来、公園で遊ぶ子どもの姿をほとんど見なくなった。

例 I have always wondered why there are no other cars on the road whenever the police are <u>chasing</u> a criminal's car in films.

映画で警察が犯人の車を追いかけるとき、なぜ他の車が道を走っていないのか、私はいつも疑問に思っている。

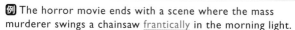

例 The horror movie ends with a scene where the mass murderer swings a chainsaw <u>frantically</u> in the morning light.

朝日を浴びながら狂ったようにチェーンソーを振り回す大量殺人鬼を描いた場面でそのホラー映画は終わる。

例 The fugitive tried to make a turn at a sharp curve at <u>breakneck</u> speed and fell over the cliff.

逃走犯は、猛烈なスピードを出したまま急カーブを曲がろうとして崖から転落した。

例 Even a <u>stepson</u> has the right to inherit the property if he has been adopted.

養子縁組を受けてしまえば、たとえ連れ子であっても遺産を相続する権利が手に入る。

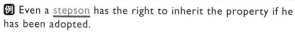

例 "Let's get married once this case is closed." said the newly assigned detective to his fiancé, as he grinned <u>shyly</u>.

「この事件が無事解決したら結婚しよう」新米刑事は婚約者にそう言って、恥ずかしそうに微笑んだ。

575	**encounter** [ɪnkáʊntɚʳ]	動 ～と遭遇する 名 遭遇，出会い
576	**outline** [áʊtlaɪn]	動 ～の概要を述べる 名 概要
577	**brutally** [brúːt̬əli]	副 残酷に 形 brutal 残酷な
578	**astonish** [əstáːnɪʃ]	動 ～を驚かす 名 astonishment 驚き
579	**missing** [mísɪŋ]	形 行方不明の 動 miss ～を見逃す
580	**previous** [príːviəs]	形 前の 対 following 次の
581	**screen** [skriːn]	名 画面
582	**switch** [swɪtʃ]	動 切り替わる 名 スイッチ
583	**succeed** [səksíːd]	動 成功する 名 success 成功

例 The detective is called the "Grim Reaper," because he encounters murders wherever he goes.

その探偵は行く先々で殺人事件と遭遇するため、「死神」と呼ばれている。

例 The boss sat stroking a black cat on his lap while one of his men outlined the plan for the bank robbery.

部下が銀行襲撃計画の概要を述べている間、ボスは腰掛けたまま膝にのせた黒猫をなでていた。

例 The spy never gave up the name of his client, even though he was interrogated indescribably brutally.

言葉では言い表せないほど残酷に尋問されても、スパイが依頼人の名前を吐くことはなかった。

例 The hit-man was astonished and speechless, because the person he thought he had killed appeared right in front of him.

始末したはずの人間が目の前に現れて、殺し屋は驚いて言葉を失った。

例 Toru came home from a walk to find his wife and cat had disappeared. Since then, they have been missing for a decade.

亨は散歩から帰宅すると、妻と飼い猫がいないことに気づいた。それ以来、十年間、彼らは行方不明になっている。

例 The professor stressed in a firm tone that he had not been in Japan on a business trip the previous week.

先週は出張で日本にはいなかった、とその教授は強い口調で主張した。

例 Displayed on the screen of the computer was the owner's confession, stating that he was the culprit to all the murders.

パソコンの画面に表示されていたのは、すべての殺人の犯人は自分であると告げる自白であった。

例 When the phantom thief twisted the dial on his voice converter, his voice switched to that of an old woman.

怪盗が変声機のダイヤルを回すと、彼の声は老婆の声に切り替わった。

例 She believed her plan would succeed. It started to crumble when that man appeared and identified himself as a detective.

彼女は計画が成功すると信じていた。あの男が現れ、探偵を名乗ると、計画は崩れ始めた。

lethal weapon
凶器

knife
短剣

ax
斧

gun
拳銃

something like a crowbar
バールのようなもの

hammer
ハンマー

machine gun
マシンガン

frozen squid
凍ったイカ

poison
毒

Trojan Horse Murder Case

❶Trojan soldiers looked **suspiciously** at a big wooden horse that was placed in front of the castle wall. ❷Obviously, it was a trap. ❸However, there was no sound to be heard and no sign of anyone hiding inside the horse. ❹The Trojan army moved the wooden horse within the castle walls, and many soldiers armed with spears surrounded it. ❺They observed it carefully and found that it had a door on its belly. ❻"Is there really someone lurking inside?" ❼They slowly opened the door to find many enemy Greek soldiers. ❽Apparently, they were all dead. ❾No one could find out why they had died or been killed.

† Trojan トロイの　† castle wall 城壁　† obviously 明らかに
† army 軍　† spear 槍　† observe ～を観察する　† slowly ゆっくりと
† enemy 敵の　† apparently どうやら～らしい　† find out わかる

suspiciously

suspicious は sus + spect + ous の三つの要素から成り立っている。sus- は「下」という意味の接頭辞、spect は「見る」という意味の語根、そして -ous は「～の多い」という意味の接尾辞で単語を形容詞化する。よって「下からよく見ている状態」から、suspicious は「怪しい、疑わしい」という意味を表す形容詞であることが推測できる。末尾に -ly がつき副詞化した suspiciously は、「疑わしげに」という意味になるのだ。

34　トロイの木馬殺人事件

❶城壁の前に置かれた大きな木馬を、トロイ軍の兵士たちは疑わしげに眺めた。

❷明らかに、罠である。

❸しかし木馬の中からは物音ひとつせず、誰かが隠れている気配もない。

❹トロイ軍は木馬を城壁内に運び、槍で武装した大勢の兵士が木馬の周囲を取り囲んだ。

❺注意深く観察してみると、木馬のお腹に扉があった。

❻「やはり、中に誰かが潜んでいるのだろうか？」

❼彼らがゆっくりと扉を開けると、敵のギリシア軍兵士がたくさんいた。

❽どうやら、兵士たちは全員死亡しているようだった。

❾なぜ彼らは死んだのか、あるいは殺されたのか、その理由は誰にもわからずじまいだった。

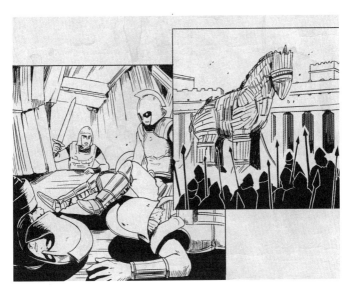

34 Trojan Horse Murder Case

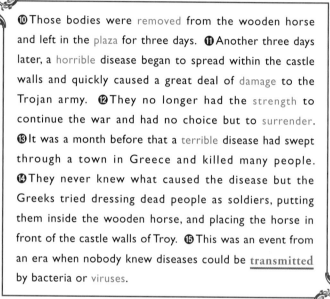

⓾ Those bodies were removed from the wooden horse and left in the plaza for three days. ⓫ Another three days later, a horrible disease began to spread within the castle walls and quickly caused a great deal of damage to the Trojan army. ⓬ They no longer had the strength to continue the war and had no choice but to surrender. ⓭ It was a month before that a terrible disease had swept through a town in Greece and killed many people. ⓮ They never knew what caused the disease but the Greeks tried dressing dead people as soldiers, putting them inside the wooden horse, and placing the horse in front of the castle walls of Troy. ⓯ This was an event from an era when nobody knew diseases could be <u>transmitted</u> by bacteria or viruses.

† spread（病気が）蔓延する　† a great deal of たくさんの〜
† no longer もはや〜ない　† have no choice but to *do* 〜せざるをえない
† sweep through 〜に急速に広まる　† bacteria 細菌

transmit

物語の結末に登場する三つの名詞、disease「病気」、bacteria「細菌」、virus「ウイルス」に注目しよう。これらの関連性がわかるだろうか。そう、病気は細菌やウイルスによって「うつる」ものである。物語では be transmitted と受動態で使われているので、transmit が「〜を伝染させる」という動詞であることがわかれば事件解決だ。

トロイの木馬殺人事件

❿ 死体は木馬から移され、三日間広場に放置された。

⓫ それからさらに三日後、城壁の中で恐ろしい病気が蔓延しはじめ、あっという間に壊滅的な被害をトロイ軍に与えた。

⓬ トロイ軍にはもはや戦争を続ける力はなく、降伏せざるをえなかった。

⓭ さかのぼること一カ月、ギリシアのある町で恐ろしい病気が流行し、大勢の人間が死んだ。

⓮ 病気の原因はわからなかったが、ギリシア軍は死んだ者に兵士の格好をさせ、木馬の中に入れ、トロイの城壁の前に置いてみたのだ。

⓯ 細菌やウイルスで病気が伝染するなどとはまだ知られていない時代の出来事である。

584	**soldier** [sóʊldʒəʳ]	名 兵士
585	**suspiciously** [səspíʃəsli]	副 疑わしげに 形 suspicious 怪しい
586	**wooden** [wʊ́dn]	形 木製の 名 wood 木材, 森
587	**sign** [saɪn]	名 気配, しるし
588	**armed** [ɑːʳmd]	形 武装した 名 arm 武器
589	**surround** [səráʊnd]	動 ～を囲む 名 surrounding 環境
590	**carefully** [kéəʳfəli]	副 注意深く 形 careful 注意深い
591	**belly** [béli]	名 腹 類 stomach 胃, 腹部
592	**lurk** [ləːʳk]	動 潜む

例 Following the nursery rhyme where ten <u>soldiers</u> disappear, the culprit killed one after another, and then there were none.

十人の兵隊がいなくなる童謡になぞらえて、犯人はひとり、またひとりと殺害し、そして誰もいなくなった。

例 "This drink isn't poisoned, is it?" said the president, looking at the drink before her <u>suspiciously</u>.

「この飲み物、まさか毒なんて入ってないわよね？」そう言うと社長は目の前に出された飲み物を疑わしげに眺めた。

例 The <u>wooden</u> house that the missing family lived in has been locked for five years, as if time has stopped.

失踪中の家族が暮らしていた木造家屋は、まるで時が止まったかのように、五年間ずっと施錠されたままである。

例 There were no <u>signs</u> of people in the house, but the thief left because he saw the electricity meter ticking.

家に人の気配は感じられなかったが、電気メーターが動いているのを見つけたので空き巣は立ち去った。

例 When the <u>armed</u> masked men broke into the theater on the cruise ship, the guests panicked and caused a big commotion.

武装した覆面の男たちがクルーズ船の劇場に押し入ると、乗客たちはパニックを起こし大騒ぎになった。

例 "I hate to admit this, but I lost," said the criminal, when he was <u>surrounded</u> and handcuffed by the police.

「認めたくはないが、私の負けだ」警察に包囲され、手錠をかけられると、犯人はこぼした。

例 The undercover agent who was disguised as a bartender <u>carefully</u> listened to the drug dealers' conversation.

バーテンダーに変装した潜入捜査官は、注意深く麻薬の売人たちの会話に耳を傾けた。

例 The medical examiner concluded that the wound in the <u>belly</u> was deep enough to penetrate the internal organs and was the fatal wound.

臓器を貫通するほどに深い腹部の傷が致命傷になったと検視官は断定した。

例 I had a strange sensation when I sat down on my chair as usual. It was as if there was someone <u>lurking</u> behind me.

いつものように椅子に座ると、違和感を覚えた。誰かが背後に潜んでいるような感覚である。

593	**remove** [rɪmúːv]	動 ～を移動させる、～を取り外す
594	**plaza** [plάːzə]	名 広場
595	**horrible** [hɔ́ːrəbəl]	形 恐ろしい
596	**damage** [dǽmɪdʒ]	名 被害 動 ～に損害を与える
597	**strength** [streŋ*k*θ]	名 力 動 strengthen ～を強化する
598	**surrender** [səréndəʳ]	動 降伏する、投降する 名 降伏
599	**terrible** [térəbəl]	形 恐ろしい、ひどい
600	**transmit** [trænsmít]	動 ～を伝染させる、～を送る
601	**virus** [vάɪrəs]	名 ウイルス

例 The detective repeatedly struck his cane on the floor. When he <u>removed</u> a few floor boards, stairs leading to the cellar appeared.

探偵はステッキで床を何度も叩いた。床板を取り外すと、地下室へと通じる階段が現れた。

例 There was an incident in which the statue of the founder in the <u>plaza</u> had been splattered with paint.

広場にある建国者の銅像にペンキがぶちまけられるという事件が起こった。

例 The woman noticed the <u>horrible</u> fact that the Japanese doll's hair was becoming a little longer each night.

女性は日本人形の髪が毎晩少しずつ伸びているという恐ろしい事実に気づいた。

例 The secretary, who had killed the president, claimed that he had suffered mental <u>damage</u> caused by listening to his puns.

社長を殺した秘書は、社長のダジャレを聞かされて精神的被害を受けていたと訴えた。

例 Judging from the damage to the body, the culprit should be a male with a lot of physical <u>strength</u>…or perhaps an orangutan?

遺体の損傷具合から判断するに、犯人はかなり腕力のある男性だろうな……あるいは、ひょっとするとオラウータンか？

例 There is no way out! Drop your weapons and <u>surrender</u> right now!

もう逃げられないわ！　今すぐ武器を捨てて投降しなさい！

例 When the woman woke up from a <u>terrible</u> nightmare, she found herself in an unfamiliar room with her legs chained.

恐ろしい悪夢から目覚めた女性は、自分が見知らぬ部屋にいて、両足が鎖でつながれていることに気づいた。

例 I knew the disease was <u>transmitted</u> through blood. That is why I put my blood in the drinks served at the party to seek revenge.

病気が血液によって伝染するものであることを私は知っていた。だから、復讐のために、パーティで出される飲み物に血液を混ぜたんです。

例 They say that IT firm is creating computer <u>viruses</u> itself in order to increase sales of its security software.

そのIT企業は自社製品のセキュリティソフトの売り上げを伸ばすために、自らコンピューターウイルスを生み出しているという噂だ。

35 *The Mysterious Affair at the University Dorm*

❶During the new year holidays, most students left the dormitory and went home. ❷Only Miyuki and I remained at the dormitory. ❸One day, Miyuki told me, "I'm going out now. ❹I heard that a suspicious-looking man has been hanging around the dormitory these days, so please make sure the door is <u>securely</u> locked." ❺That late evening when I was going to sleep, I heard a weird sound from outside. ❻It sounded like something being dragged, and it stopped just in front of my door. ❼ Then I heard someone banging on the door, groaning in a low voice, and turning the doorknob slowly. ❽It made me so scared I hid behind the bookshelf. ❾Eventually, I fell asleep.

† suspicious-looking 見た目の怪しい † hang around ～をうろつく
† make sure 必ず～する † lock ～の鍵をかける † bang ドンドンと叩く
† groan うなる † hide 隠れる † book shelf 本棚
† fall asleep 眠りに落ちる

securely

この単語の手がかりはミユキの台詞に隠されている。彼女は、「最近、寮のまわりを怪しい男がウロウロしてるらしいから、securely に戸締まりしてね」と言っている。この用心すべき状況で「戸締まり」とくれば、securely が「確実に、安全に」という意味だと推理できるだろう。ミユキは出かける前に「ちゃんと戸締まりしてね」と忠告したのだ。

35 大学寮の怪

❶ 正月休み、学生のほとんどは寮を出て帰省した。

❷ 寮に残っているのは、ミユキと私だけだった。

❸ ある日、ミユキが私に言った。「今から出かけるね。

❹ 最近、寮のまわりを怪しい男がウロウロしてるらしいから、ちゃんと戸締まりしてね」

❺ その深夜、就寝しようとしたとき、外から気味の悪い音がした。

❻ ズルズルと何かを引きずるような音で、それは私の部屋のドアの真ん前で止まった。

❼ そして、誰かがドンドンとドアを叩き、低い声でうなり、ドアノブをゆっくり回す音が聞こえた。

❽ 私はとても怖くなって、本棚の陰に隠れた。

❾ やがて、眠りに落ちてしまった。

The Mysterious Affair at the University Dorm

❿ The next morning, I woke up with the sunlight through the window. ⓫ I looked around the room immediately but nothing seemed strange. ⓬ The door was properly locked. ⓭ I opened the door with fear to look at the hall. ⓮ "There is nothing peculiar...," I thought, and looked down, then I was frightened and screamed. ⓯ I locked the door **instantly** and called the police. ⓰ There was the dead body of Miyuki in the corridor. ⓱ She had bled to death from being stabbed with a knife in her back. ⓲ A line of blood led to the door of my room, which showed she crawled trying to reach the room. ⓳ Miyuki must have been attacked by someone, and she crawled to my room to ask for help. ⓴ As I was informed, the time of her death was estimated to have been at 6 o'clock in the morning.

† seem 〜と思われる † properly きちんと † hall 廊下
† corridor 廊下 † bleed to death 失血死する † back 背中
† inform 〜に知らせる † the time of one's death 死亡時刻

instantly

instantly は形容詞に接尾辞 -ly がついた副詞。「インスタントラーメン」という日本語からも想像できるように、instant は「即席の、即座の」という意味の形容詞。よって instantly は「ただちに、すぐに」という意味の副詞だと推理できる。

⑩ 翌朝、私は窓から差し込む陽光で目を覚ましました。

⑪ すぐに部屋の中を見回したが、特に変わった様子はない。

⑫ 部屋の鍵もきちんとかかっている。

⑬ 恐る恐る部屋のドアを開け、廊下を見てみる。

⑭ 「特に変わった様子はないか……」そう思って足元を見た私は、驚いて悲鳴をあげた。

⑮ すぐに部屋の鍵をかけ、警察に電話した。

⑯ 廊下には、ミユキの死体があったのだ。

⑰ 刃物で背中を刺されたことによる失血死だった。

⑱ 私の部屋のドアまで続いている血の跡は、ミユキが部屋まで這ってこようとしたことを示していた。

⑲ 何者かに襲われ、助けを求めて私の部屋まで這ってきたのだろう。

⑳ 死亡推定時刻は朝の六時頃だったそうだ。

602	**holiday** [háːlədeɪ]	名 休暇, 休日
603	**dormitory** [dɔ́ːˈmətɔːri]	名 寮
604	**remain** [rɪméɪn]	動 残る, ～のままである 名 remains 残り
605	**securely** [sɪkjʊ́əˈli]	副 しっかりと, 安全に 形 secure 安全な
606	**weird** [wɪəˈd]	形 気味の悪い, 奇妙な
607	**drag** [dræg]	動 ～を引きずる 関 drag and drop （アイコンなど） をドラッグアンドドロップする
608	**slowly** [slóʊli]	副 ゆっくり 対 quickly 速く
609	**scared** [skeəˈd]	形 怖がった
610	**eventually** [ɪvéntʃuəli]	副 やがて, ついに

例 My husband said he was going on a business trip, but I found out that he was actually on a paid <u>holiday</u>.

夫は出張に行くと言っていたのに、本当は有給休暇を取っていたことがわかったんです。

例 Our <u>dormitory</u> has a room which is rumored to be "the room that is forbidden to enter."

私たちの寮には、「あかずの部屋」と噂される部屋がある。

例 The case of that millionaire's mysterious death has <u>remained</u> unsolved for decades.

大富豪が謎の死を遂げた事件は、何十年も未解決のままである。

例 For that phantom thief, stealing jewels from a <u>securely</u> locked room is a piece of cake.

その怪盗からすれば、しっかり鍵のかかった部屋から宝石を盗むのは朝飯前だ。

例 I saw a <u>weird</u> looking man dressed in red with a white beard carrying a sack and going into the house through the chimney.

赤い服を着て白いひげをはやした奇妙な恰好の男が、袋をかついで煙突から家の中に侵入するのを見たんです。

例 According to the witness, the man who left the crime scene was <u>dragging</u> his feet.

目撃者によると、犯行現場から立ち去った男は足を引きずっていたらしい。

例 The detective sat down in his armchair, poured sugar into his tea cup, and mixed it in <u>slowly</u>.

探偵は安楽椅子に腰を下ろし、ティーカップに砂糖を入れると、ゆっくりかき混ぜた。

例 Being bitten by a vampire, the beauty was too <u>scared</u> to scream.

吸血鬼に咬まれ、美女は恐怖のあまり叫ぶこともできなかった。

例 The nightmare <u>eventually</u> became a reality when the dismembered body was found in a cellar.

地下の貯蔵室でバラバラの遺体が発見され、悪夢がついに現実のものとなった。

| 611 | **immediately** [ɪmíːdiətli] | 副 すぐに |
| | | 形 immediate さっそくの |

| 612 | **strange** [streɪndʒ] | 形 変わった, 奇妙な |
| | | 名 stranger 見知らぬ人 |

| 613 | **fear** [fɪəʳ] | 名 恐怖 |

| 614 | **peculiar** [pɪkjúːljəʳ] | 形 変わった, 風変わりな |

| 615 | **frightened** [fráɪtnd] | 形 驚いて, ぎょっとして |
| | | 動 frighten 〜をぎょっとさせる |

| 616 | **stab** [stæb] | 動 〜を刺す |

| 617 | **crawl** [krɔːl] | 動 這う |

| 618 | **attack** [ətǽk] | 動 〜を襲う |
| | | 名 攻撃 |

| 619 | **estimate** [éstɪmeɪt] | 動 〜を推定する, 〜を見積もる |
| | | 名 見積もり, 見積もり書 |

例 That poison will take effect <u>immediately</u> after it is consumed.

その毒物は、体内にとり込まれてすぐに効き目を現す。

例 "How <u>strange</u>," the detective blurted out. "Just the left side of the body is wet."

「なんて奇妙なんだ」思わず刑事は言葉を漏らした。「遺体の左半身だけが、水で濡れているなんて」

例 The face of the girl's dead body indicated the strong <u>fear</u> she must have felt at the time she was murdered.

遺体の少女の顔は、彼女が殺害されたときに感じたに違いない強い恐怖を物語っていた。

例 He looks pretty <u>peculiar</u> with his messy hair and floppy hat, but he is actually a very good detective.

ぼさぼさの髪にチューリップハットとなかなか風変わりに見えるが、彼は実は名探偵だ。

例 The students pointed to the window, looking <u>frightened</u>. There was a mannequin hanging upside down outside.

生徒たちはぎょっとした顔で窓を指さしていた。窓の外には、マネキン人形が逆さまにぶらさがっていたのだ。

例 The detective's father had been a policeman, who was <u>stabbed</u> to death while he was struggling with a murderer.

探偵の父は警察官であったが、殺人鬼ともみ合っている際に刺され、命を落とした。

例 The robber <u>crawled</u> out of the house without making a sound.

泥棒は物音ひとつ立てずに家から這い出てきた。

例 He was a capable hitman, but he had never dreamed of being <u>attacked</u> by his own mother.

彼は優秀な殺し屋だったが、実の母親に襲われるなど夢にも思わなかった。

例 The detective accurately <u>estimated</u> the lady's age.

探偵は正確に女性の年齢を言い当てた。

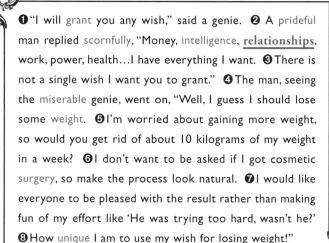

❶ "I will grant you any wish," said a genie. ❷ A prideful man replied scornfully, "Money, intelligence, **relationships**, work, power, health…I have everything I want. ❸ There is not a single wish I want you to grant." ❹ The man, seeing the miserable genie, went on, "Well, I guess I should lose some weight. ❺ I'm worried about gaining more weight, so would you get rid of about 10 kilograms of my weight in a week? ❻ I don't want to be asked if I got cosmetic surgery, so make the process look natural. ❼ I would like everyone to be pleased with the result rather than making fun of my effort like 'He was trying too hard, wasn't he?' ❽ How unique I am to use my wish for losing weight!"

† genie 魔神 † gain ～を得る † get rid of ～を取り除く
† cosmetic 美容の † process 過程 † be pleased with ～に喜ぶ
† make fun of ～を笑いものにする † effort 努力

relationship

この単語は relation + ship に分けることができる。relation は名詞で「関係」。では ship は「船」だろうか。いや、そうではない。-ship は名詞や形容詞について、ものの性質のような抽象的な概念を表す名詞をつくる接尾辞なのだ。つまり、relationship は「関係性」という意味になる。ちなみに物語では、二人の人物の間の特に親密な関係性、すなわち「恋愛」を指している。

36　ダイエット

❶ 「どんな願いでも叶えましょう」と魔神が言った。

❷ プライドの高い男はさげすむような口調で答えた。「財産、頭脳、恋愛、仕事、権力、健康……俺は、ほしいものをすべて手に入れている。

❸ お前に叶えてほしい願いなんて、ひとつもないよ」

❹ 哀れな魔神を見て、男は続けた。「じゃあ、少し体重でも減らすか。

❺ 太ってきたのが気になるから、一週間で、体重を十キロほど減らしてくれないか?

❻ 美容整形手術をしたのか、って聞かれるのも嫌だから、自然に見えるようにしてくれよ。

❼ 『彼、頑張り過ぎじゃない?』なんて皆に努力を笑われるんじゃなくて、むしろ結果を喜んでほしいね。

❽ 魔神の願いをダイエットに使う俺って、ひと味違うわ!」

36 Lose Some Weight

❾The man woke up to find himself lying in bed at a hospital. ❿He looked at the calendar on the wall and realized one week had passed since the day he talked with the genie. ⓫He looked in the hand mirror by his bed and saw his haggard face with a beard. ⓬"He made me sick in order to get rid of my 10 kilograms naturally…what a forceful approach!" ⓭Then a doctor came into the room and let out a gasp of astonishment. ⓮"Oh, it's a relief that you woke up. ⓯You have been asleep for a week. ⓰Everyone will be glad to hear about your <u>recovery</u> from the traffic accident!" ⓱Traffic accident? I'm not sick, then. He got confused. ⓲The doctor continued explaining, "It was very unfortunate of you to have lost your right leg, but it is still a miracle that you are alive!" ⓳I lost my right leg!? Come to think of it, I can't feel my right leg. ⓴Does a human leg weigh about 10 kilograms?

† naturally 自然に † forceful 強引な † approach やり方
† let out（叫び声など）を出す † glad 喜んで † alive 生きて
† come to think of it そういえば † weigh 〜の重さがある

recovery

recovery は、「再び」という意味の接頭辞 re-、「欠けたところを覆う」という意味の cover に、名詞をつくる接尾辞 -y が組み合わさった語。「欠けたところを再び覆うこと」、つまり「回復」という意味だ。

36 ダイエット

❾目覚めると、男は病院のベッドに横たわっていた。

❿壁のカレンダーを見て、魔神と話した日から一週間が経っていることに気づいた。

⓫ベッドのそばの手鏡には、ヒゲが伸び、やつれた顔の自分が映っていた。

⓬「自然に十キロ減量させるために、俺を病気にさせたのか……なんて強引なやり方なんだ！」

⓭そのとき、医者が病室に入ってきて、驚いて息をのんだ。

⓮「あぁ、よかった、目覚めたんですね。

⓯一週間、眠ったままだったんですよ。

⓰あなたが交通事故から回復したと聞けば、きっと皆、喜びますよ！」

⓱交通事故？　じゃあ病気ではなかったのか。男はとまどった。

⓲医者は説明を続けた。「右足を失うことになったのは非常に残念ですが、命が助かっただけでも奇跡です！」

⓳右足を失った!?　そういえば、右足の感覚がない。

⓴人間の足一本の重さは、十キロくらいだろうか？

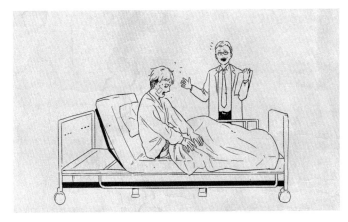

620	**grant** [grænt]	動 ～を叶える
621	**prideful** [práɪdfəl]	形 プライドの高い, 高慢な 名 pride 誇り, 自尊心
622	**scornfully** [skɔ́ːrnfəli]	副 軽蔑して 動 scorn ～を軽蔑する
623	**intelligence** [ɪntélɪdʒəns]	名 知能 形 intelligent 知能の高い
624	**relationship** [rɪléɪʃənʃɪp]	名 恋愛関係, 人間関係 動 be related to ～に関連する
625	**miserable** [mízərəbəl]	形 哀れな
626	**weight** [weɪt]	名 体重, 重さ 動 weigh ～の重さを量る
627	**surgery** [sɔ́ːrdʒəri]	名 手術 形 surgical 外科の
628	**unique** [juníːk]	形 他に類を見ない, 唯一の

例 I really needed the money! They said that they would <u>grant</u> my wish if I did what they said....

どうしても金が必要だったんだ！　言う通りにすれば望みを叶えてやると言われて……。

例 The prosecutor declared with a <u>prideful</u> voice that the accused was definitely the culprit.

その検事は高慢な口調で、被告人が犯人に間違いないと断定した。

例 "What an ugly operation!" The phantom thief said <u>scornfully</u>, while watching the news report of the bank robbery.

「なんて醜いやり方なんだ！」怪盗は銀行強盗のニュースを見ながら、軽蔑した様子で言った。

例 Some psychopaths have an extremely high level of <u>intelligence</u>, which they use to toy with ordinary people.

サイコパスの中には、はるかに高い水準の知能をもつ者がおり、彼らはそれを使って一般人をもてあそぶ。

例 "I've been in a <u>relationship</u> with Sho for a year. He finally proposed to me!" Miki said happily, but I was green with envy.

「ショウとはもう一年恋愛関係にあって。ついにプロポーズしてくれたの！」ミキは幸せそうに言ったが、私はひどく妬ましかった。

例 "I loved Sho." I said to Miki, who had been strangled and was now motionless like a <u>miserable</u> puppet without strings.

「私、ショウのこと愛してたの」絞め殺され、もはや糸の切れた哀れな操り人形のように動かなくなったミキに向かって、私は語りかけた。

例 This rope bridge was unable to stand the <u>weight</u> of two people. That's why he disposed of the body in the river below.

この吊り橋は二人分の体重を支えることができなかった。それで奴は、死体を下の川に投げ捨てたんだ。

例 After the heart implant <u>surgery</u>, Alice became violent. Her father thought that this was because her donor was male.

心臓の移植手術の結果、アリスは乱暴な性格になってしまった。父親はそれを、臓器提供者が男性だったためだと考えた。

例 The detective's assistant had a <u>unique</u> ability to remember anything vividly as a photograph even if she saw it once.

探偵助手は、一度見たものは何でも写真のように鮮明に記憶できるという類まれな能力を持っていた。

629	**haggard** [hǽgəˑd] 🔍	形 やつれた
630	**beard** [bɪəˑd] 🔍🔍	名 あごひげ 関 mustache　口ひげ
631	**gasp** [gǽsp] 🔍	名 （驚きで）はっと息をのむこと 関 let out a gasp　はっと息をのむ
632	**astonishment** [əstá:nɪʃmənt] 🔍	名 驚き 動 astonish　～を驚かす
633	**relief** [rɪlíːf] 🔍🔍	名 ほっとすること, 安堵 動 relieve　～を安心させる
634	**recovery** [rɪkÁvəri] 🔍🔍	名 回復 動 recover　～を取り戻す
635	**confused** [kənfjúːzd] 🔍🔍	形 困惑した 名 confusion　混乱
636	**unfortunate** [ʌnfɔ́ːˑtʃənət] 🔍🔍	形 残念な, 不運な 副 unfortunately　不運にも
637	**miracle** [mírəkəl] 🔍🔍	名 奇跡 形 miraculous　奇跡的な

例 No one seemed to notice that the <u>haggard</u> beggar was the former governor of the town.

そのやつれた物乞いがかつてこの町を治めていた領主だと気づく者はいなかったようだ。

例 The body was suspicious in many respects. The victim was female, but she had a false <u>beard</u> and wore men's clothes.

その遺体には不審な点がいくつもあった。被害者は女性だったが、つけひげをしていて、男性物の服を着ていた。

例 We all let out a synchronized <u>gasp</u> at the immense amount of blood left in the bath.

浴槽に残されたおびただしい量の血に、われわれは全員同時にはっと息をのんだ。

例 I was frozen in <u>astonishment</u>. My husband whom I thought I had killed last night was reading the morning paper as usual.

驚きのあまり私は立ち尽くした。昨夜殺したはずの夫が、いつもどおり朝刊を読んでいたのだ。

例 The crew and passengers sighed in <u>relief</u> when the bomb on the train was deactivated by the bomb disposal squad.

列車に取りつけられた爆弾が爆弾処理班によって解除され、乗客乗員は安堵のため息をついた。

例 There was only one survivor. Her <u>recovery</u> was a quick one, but she refused to provide details of the culprit.

生存者はただ一人だけであった。回復は早かったが、犯人について詳しい話をしようとはしなかった。

例 The viewers were <u>confused</u> to see the hijacker collapse. The truth was, the food sent in by the police was drugged.

ハイジャック犯が倒れ込んだのを見て、視聴者は困惑した。実は、警察が差し入れた食べ物の中に睡眠薬が含まれていたのだ。

例 No one killed her. This was an <u>unfortunate</u> accident, indeed. The victim mistook *Somen* sauce for barley tea.

彼女は誰かに殺されたのではありません。そう、これは不運な事故だったのです。被害者は麦茶と間違えて素麺のつゆを飲んでしまった。

例 She was surprised by the unexpected taste, tripped, hit her head on the floor, and passed away. The sauce did a <u>miracle</u>!

予想外の味に驚いた彼女は、よろけて倒れ、床で頭を打ち、亡くなった。麺つゆが奇跡を起こしたんです！

37 *A Serialized Mystery Novel*

❶ The mystery novel was serialized weekly in a newspaper. ❷ It became so popular that it was called a "national novel," and it was decided to make it into a serial TV drama and a film even before its **completion**. ❸ There were numerous reasons for its popularity. ❹ The seemingly impossible serial murders. ❺ The tricks and motives veiled in mystery. ❻ An immense number of suspects appearing one after another. ❼ The smart and attractive detective. ❽ A lot of readers were looking forward to the next day's newspaper in which the final installment of the series would be posted. ❾ The next morning, they were deeply shocked at the astonishing ending printed in the paper.

† numerous 数多くの † popularity 人気 † seemingly 一見すると
† serial murder 連続殺人 † look forward to ～を楽しみに待つ
† final installment 最終回 † post ～を掲載する、～を掲示する
† deeply 大きく、深く † astonishing 驚きの

completion

completion は com + ple + tion に分解できる。com- は「完全に」という強意の意味を表す接頭辞。-tion は単語の末尾につき、「もの」や「こと」を表す名詞に変える接尾辞。間に挟まれた語根の ple は「～を満たす」という意味をもつ。よって completion は「完全に満たすこと」、すなわち「完了、完結」を意味する名詞だ。

ミステリ

37 連載ミステリ小説

❶ そのミステリ小説は新聞に毎週連載されていた。

❷ あまりの人気に「国民的小説」と呼ばれ、完結前にもかかわらず連続テレビドラマ化や映画化が決まった。

❸ 人気の理由は数多くあった。

❹ 一見すると不可能に思える連続殺人。

❺ 謎に包まれたトリックと動機。

❻ 次々と現れる、膨大な数の容疑者たち。

❼ 頭脳明晰で魅力的な探偵。

❽ 多くの読者が、連載の最終回が掲載される翌日の新聞を楽しみに待った。

❾ 翌朝、彼らは、新聞に掲載された驚きの結末に大きな衝撃を受けた。

❿There was an article that reported the suicide attempt of the author of the novel. ⓫It said that the author had attempted suicide because he had been <u>tormented</u> by pressure and guilt and unable to write the end of the novel. ⓬In his suicide letter, he wrote that he had kept writing although he hadn't been able to come up with any tricks or motives. ⓭Even though he managed to think up a brilliant trick, online fans would see through the story line and write predictions of it. ⓮He finally tried to dodge the predictions with a stale ending, but he couldn't do that since the series was going to be made into a TV drama and a film. ⓯At the end of the suicide letter, he expressed apologies for his lack of talent, yet directed resentment at the innocent readers: "It is you who drove me to the brink of death."

† suicide attempt 自殺未遂　† guilt 罪悪感　† come up with ～を思いつく
† think up ～を考えつく　† see through ～を見透かす　† direct (言葉)を向ける
† resentment 恨み　† drive A to A を～に追いやる　† brink of ～の寸前

torment

torment の tor は「ねじる」、-ment は状態などを表す名詞をつくる接尾辞だ。両者を合わせると「ねじること」、転じて「苦痛」という名詞になる。物語では「～を苦しめる」という意味の動詞として使われているので、あわせて覚えておこう。

❿ そこには、小説の作者の自殺未遂を報じる記事が掲載されていた。

⓫ 作家はプレッシャーと罪の意識にさいなまれ、小説の結末が書けずに自殺をはかったという。

⓬ 彼の遺書には、トリックも動機も思いつかないままに書き進めていたことが記されていた。

⓭ どうにか見事なトリックを考えついても、ネット上のファンに筋書きを見透かされ、予測を書かれてしまう。

⓮ いっそのこと、しょうもない終わらせ方で予想をかわそうとしたが、連載のテレビドラマ化や映画化も決まり、それもできなかった。

⓯ 遺書の最後には、自分の才能のなさを詫びつつも、悪意なき読者への恨みがつづられていた。「私を死の寸前まで追い込んだのは、あなたがたなのです」

638	**serialize** [síəriəlaɪz]	動 ～を連載する 名 series 続きもの
639	**weekly** [wíːkli]	副 毎週, 週一回 類 daily 毎日 monthly 毎月, 月一回
640	**national** [nǽʃənəl]	形 国民的な, 全国的な 名 nation 国民
641	**completion** [kəmplíːʃən]	名 完結, 完成 動 complete ～を完成させる
642	**trick** [trɪk]	名 トリック, 策略 動 ～を騙す
643	**motive** [móʊtɪv]	名 動機 動 motivate ～に動機を与える
644	**veil** [veɪl]	動 ～を包む, ～を覆う 名 覆い
645	**immense** [ɪméns]	形 膨大な, 莫大な 類 huge 巨大な
646	**smart** [smɑːˈt]	形 利口な, 頭が切れる 類 clever 利口な

例 I was <u>serializing</u> a novel online, but I became afraid and stopped writing. The events in my novel had become true one after another.

ネットで小説を連載していたが、怖くなって書くのをやめた。小説内の出来事が次々と現実になっていったからだ。

例 He visits us <u>weekly</u>, on Saturdays. He always brings twenty 50-yen coins and requests to exchange them into a 1000-yen bill.

その客は毎週土曜日に現れる。いつも五十円玉を二十枚持ってきては、千円札への両替を依頼するのだ。

例 A blackmail letter was sent to the headquarters of a <u>national</u> convenience store franchise.

全国チェーンのコンビニ本社に、一通の脅迫状が届いた。

例 The portrait that the painter was working on for years never reached its <u>completion</u> because of her sudden death.

画家が長年取り組んでいた自画像は、彼女の急死により完成には至らなかった。

例 Why did only one person die even though they all ate slices from the same cake? The <u>trick</u> was simple, his fork was poisoned.

全員が同じケーキを一切れずつ食べたのに、なぜ死んだのは一人だけだったのかって？　トリックは簡単、被害者のフォークに毒が塗られていたんだよ。

例 The boy killed his mother, who had just lost her husband. "I wanted them to be together in the afterlife," was his <u>motive</u>.

少年は、夫を亡くしたばかりの母親を殺害した。「向こうで会わせてあげたかったから」というのが少年の動機だった。

例 The sacred statue in the village square was <u>veiled</u>, as legend has it that people who saw it directly would be cursed.

村の広場にある御神像は布で覆われており、その姿を直接見たものは呪われるという言い伝えがあった。

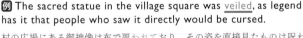

例 The ugly fight that took place among the heirs of an <u>immense</u> inheritance was put to an end by the death of all.

莫大な遺産の相続人たちの間で生じた醜い争いは、全員の死亡によって幕を閉じた。

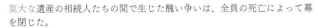

例 You are <u>smart</u>, but you know too much. I'm sorry to say this, but you have to die now.

君は頭が切れる、しかし、知りすぎた。悪いがここで死んでもらう。

647	**author** [ɔ́:θəʳ]	名 作者, 作家

648	**attempt** [ətémpt]	動 ～を試みる 名 試み

649	**torment** [tɔ́:ʳment]	動 ～を苦しめる 名 苦痛

650	**brilliant** [bríljənt]	形 見事な, 輝く

651	**prediction** [prɪdíkʃən]	名 予測 動 predict ～を予測する

652	**dodge** [dɑ:dʒ]	動 ～をかわす

653	**stale** [steɪl]	形 陳腐な, (食べ物などが) 新鮮でない

654	**talent** [tǽlənt]	名 才能 形 talented 才能のある

655	**innocent** [ínəsənt]	形 悪意のない, 無罪の 対 guilty 有罪の

例 The <u>author</u> explained in his journal to line up the first letter of each novel in the order that they were published.

それぞれの小説の最初の文字を出版された順に並べるよう、作家は日記で説明していた。

例 She stabbed herself and <u>attempted</u> to seek revenge on her ex-husband, by writing his initials on the carpet with her bloody finger.

彼女はみずからを刺し、血のついた指でカーペットにイニシャルを書くことで、元夫への報復を試みたんです。

例 I was forced to confess even though I had nothing to do with the case, after I was mentally <u>tormented</u>.

事件には何の関わりもないのに、精神的に苦しめられたあと、自白を強要されました。

例 "Can't you understand such a simple trick?" said the butler sharply, and solved the mystery with his <u>brilliant</u> reasoning.

「お嬢様はこの程度の簡単なトリックもわからないのですか？」執事は鋭い口調で言って、見事な推理で謎を解き明かした。

例 I made a <u>prediction</u> that the kidnapper would be hiding near a port because a ship's horn was heard in the background of his call.

電話の後ろで船の汽笛が聞こえたので、誘拐犯が港の近くに潜んでいるんじゃないかって予測したんです。

例 The bank robbers <u>dodged</u> the bullets and drove to their hiding place, but a GPS transmitter was put on their vehicle.

銀行強盗たちは銃弾をかわし、車でアジトにたどり着いたが、彼らの車にはGPS発信機が取りつけられていた。

例 The bread was <u>stale</u> and became hard. The captive had no choice but to eat it to survive.

パンは古く硬くなっていた。捕虜が生き延びるためには、それを食べるしかなかった。

例 "Why are athletic and musical <u>talent</u> always admired, but not my stealing skills?" mumbled the habitual pickpocket.

「スポーツや音楽の才能はいつだってもてはやされるのに、どうして盗みの腕ってやつは評価されないんですかね？」スリの常習犯は不満をこぼした。

例 "Why was he released?" "There was no definitive evidence. Everyone is <u>innocent</u> until proven guilty."

「どうして奴が釈放なんですか？」「決定的な証拠があがってないからだよ。推定無罪ってやつだ」

❶ The mystery comic was serialized weekly in a magazine. ❷ It became so popular that it was even called a "national comic," and it was decided to adapt it into a serial TV drama and a film even before its completion. ❸ There were numerous reasons for its popularity. ❹ The illustrations drawn with marvelous techniques, the story full of mysteries, and the conversations among the attractive characters, all of which captured everyone's attention. ❺ As the story had reached its climax, all the readers were looking forward to the solution starting in the next issue. ❻ The day when the long-awaited magazine was published, all the readers who bought it <u>exclaimed</u> surprise.

† full of ~で満ちて　† capture ~を引きつける　† solution 解決

exclaim

exclaim は ex + claim に分解できる。claim は、ラテン語由来の「叫ぶ」を意味する語根。大きな声で叫んで、主張するイメージをもつ。そこに、「外へ」という意味の接頭辞 ex- がついたものが、exclaim である。つまり、exclaim とは「(内側にある感情を外へ向かって)叫ぶ、声を上げる」という意味になると推理できる。

38 連載ミステリ漫画

❶ そのミステリ漫画は雑誌に毎週連載されていた。

❷ あまりの人気に「国民的漫画」と呼ばれ、完結前にもかかわらず連続テレビドラマ化や映画化が決まった。

❸ 人気の理由は数多くあった。

❹ 超絶技巧で描かれた絵柄、謎に満ちたストーリー、魅力的な登場人物たちの会話、そのすべてが皆の注目を集めた。

❺ 物語はいよいよ佳境に入り、次号から始まる解決編を全読者が楽しみに待った。

❻ 待望の雑誌が刊行された日、雑誌を買ったすべての読者が驚きの声を上げた。

38   *A Serialized Mystery Comic*

❼ The comic was not printed in any part of the magazine. ❽ On the last page, there was an apology from the editor in charge. ❾ "Due to the sudden illness of the comic artist, the comic does not appear this week." ❿ However, the comic artist didn't recover from his illness, and the serialized story was finally cut after being <u>suspended</u> for a year. ⓫ Then, the reason for the comic's discontinuation was announced by the editor. ⓬ The comic artist started drawing his comic without thinking of any plots. ⓭ He assumed that his readers would make predictions of the story online, so he was planning to use the best idea of all. ⓮ However, the readers stopped making predictions online after the suicide attempt of a mystery writer. ⓯ As a result, the comic artist was unable to continue drawing any further.

† recover from ～から回復する † as a result 結果として † further それ以上

suspend

suspend は「～を吊るす、～をぶらさげる」という意味の動詞だ。「吊るされた」とは、つまり「地に足がついていない」状態である。地に足がついていないと先へは進めない。そう、suspend には「(物事)を一時停止する」という意味もあるのだ。物語では連載漫画が主語なので、「休載する」という意味で使われていることがわかれば事件解決だ。

38　連載ミステリ漫画

❼例の漫画は、雑誌のどこにも掲載されていなかったのだ。

❽最後のページに、担当編集者のお詫びが掲載されていた。

❾「作者急病のため、今週は休載とさせていただきます」

❿しかし、作者の病気は治らず、一年間の休載の果てに、とうとう連載は打ち切られた。

⓫そして、連載中止の理由が編集者により発表された。

⓬漫画家は筋書きを考えないまま漫画を描き始めた。

⓭読者がネット上でストーリーを予測することを想定していたので、彼はその中で一番よいアイデアを使うつもりだった。

⓮しかし、ある推理小説家の自殺未遂のあと、読者たちはネット上で予測するのをやめてしまった。

⓯その結果、漫画家はそれ以上描き続けることができなくなったという。

656	**adapt** [ədǽpt]	動 ～を翻案する, ～を適合させる
657	**illustration** [ìləstréɪʃən]	名 イラスト, 挿絵 動 illustrate ～を説明する
658	**marvelous** [máːˈvələs]	形 素晴らしい, 驚くべき 名 驚異
659	**character** [kǽrəktəˈ]	名 登場人物
660	**climax** [kláɪmæks]	名 (物語などの)山場, クライマックス
661	**issue** [íʃuː]	名 (雑誌・新聞などの) 号, 発行物 関 the latest issue 最新号
662	**long-awaited** [lɔ̀ːŋəwéɪṭɪd]	形 待望の, 待ちに待った
663	**publish** [pʌ́blɪʃ]	動 ～を出版する 関 publisher 出版社
664	**exclaim** [ɪkskléɪm]	動 声を上げる, 叫ぶ

例 The horror movie is <u>adapted</u> from a real story. Unfortunate accidents happened to the actors and the crew while shooting.

そのホラー映画は実話を翻案したもので、撮影中、役者やスタッフに不幸な事故の数々が起こったという。

例 Yes, I was reading "The Three Little Pigs," but I never knew people would die in the same way as the <u>illustrations</u> in the book!

はい、私は『三匹の子豚』を読んでいました、でも、あの本の挿絵のとおりに人が死んでいくなんて知らなかったんです！

例 After the murder, I'll tweet from the account of the victim. Nobody will know he is already dead. What a <u>marvelous</u> alibi!

殺害後、被害者のアカウントでツイートをしよう。まさかあいつがすでに死んでいるとは誰も思うまい。なんて素晴らしいアリバイなんだ！

例 A <u>character</u> who is only mentioned once in the novel was the culprit…? That's unfair!

小説に一度しか出てこない登場人物が犯人だって……？　そんなの反則だ！

例 The police car sirens are coming closer. If this was a movie, this should be the <u>climax</u> scene.

パトカーのサイレンの音が近づいてくる。映画だったら、クライマックスの場面だろう。

例 An article in the latest <u>issue</u> of a weekly magazine caught the agent's eye. It was a coded message from his boss.

週刊誌の最新号に掲載されているある記事にスパイは目を留めた。それは、上司からの暗号文だった。

例 My <u>long-awaited</u> day has come. Tomorrow is when the statute of limitations of that case runs out. Now I'm free.

待ちに待った日がやってきた。明日になれば、あの事件がようやく時効を迎える。これで自由の身だ。

例 The sensational serial murders were strikingly similar to a novel that had been <u>published</u> decades ago.

世間を騒がしている連続殺人は、何十年も前に出版された小説と酷似していた。

例 "Don't touch that lemon!" As the police sergeant <u>exclaimed</u>, the lemon-shaped bomb exploded with a loud noise.

「その檸檬に触れるな！」巡査部長が声を上げたと同時に、檸檬型爆弾は大きな音を立てて爆発した。

665	**print** [prɪnt]	動 ~を掲載する, ~を印刷する
		名 印刷
666	**apology** [əpáːlədʒi]	名 詫び, 謝罪
		動 apologize 謝る
667	**editor** [édɪtɚ]	名 編集者
		動 edit ~を編集する
668	**sudden** [sʌ́dn]	形 突然の
		関 sudden death 突然死
669	**illness** [ílnəs]	名 病気
		形 ill 病気の
670	**suspend** [səspénd]	動 ~を一時停止する, ~を保留にする
671	**discontinuation** [dìskəntinjuéɪʃən]	名 中止
		対 continuation 継続
672	**announce** [ənáʊns]	動 ~を発表する
		名 announcement 発表
673	**plot** [plɑːt]	名 筋書き, 計画
		動 ~をたくらむ

例 "Nobody will be able to tell these apart from the real ones," said the forger, looking at the freshly <u>printed</u> fake bills.

「誰も本物と見分けがつくまい」ニンベン師は印刷されたばかりの偽札を眺めながら言った。

例 "I owe you an <u>apology</u>." The letter to the bereaved family revealed the truth about the incident that happened ten years ago.

「あなたたちに謝らなくてはならないことがあります」遺族宛の手紙は、十年前に起きた事件の真相を明らかにした。

例 The famous mystery writer was found dead in his study. His <u>editor</u> told the police that she heard him quarrel with someone.

有名な推理作家が書斎で死体となって発見された。彼の担当編集者は、彼が誰かと言い争う声を聞いたと警察に証言した。

例 I felt a <u>sudden</u> sharp pain in my stomach. When I looked down slowly, there was a butterfly knife stuck there.

突然腹部に鋭い痛みを感じた。ゆっくり下を向くと、そこにはバタフライナイフが刺さっていた。

例 Even those who have never suffered from <u>illnesses</u> have been to the dentist. Check the dental records.

たとえ病気ひとつしたことない人でも、歯科医の世話になったことはある。歯の治療記録をあたれ。

例 The detective boys decided to <u>suspend</u> all the investigations because every member got a falling grade.

全員が試験で赤点を取ったので、少年探偵団はすべての捜査を一時中断することに決めた。

例 Some of the USB flash drives made abroad were infected with malware, which led to the <u>discontinuation</u> of the product.

海外製の USB メモリの中にマルウェアに感染したものがあり、製品の販売中止につながった。

例 The police held an emergency press conference to <u>announce</u> that the culprit of the robbery homicide case was arrested.

警察は緊急記者会見を開き、強盗殺人事件の犯人が逮捕されたことを発表した。

例 No, your <u>plot</u> was perfect. Your only failure was that you murdered on the day that I, a skilled detective, was around.

いえ、あなたの計画は完璧でした。ただひとつの失敗は、名探偵である私がすぐ近くにいる日に殺人を犯してしまったことです。

❶ Phantom thief——this is what I do, and it's my philosophy as well. ❷ I have stolen a number of jewels and masterpieces, but have never been arrested by the police. ❸ The other day, however, I made a big mistake. ❹ So I determined to pose as someone else before they started an investigation and found out my identity. ❺ I'd already chosen my target. ❻ He was a lonely man, who had no family, lover, or friends. ❼ He was the perfect person I could think of to <u>impersonate</u>. ❽ I felt sorry for him, but I got rid of him. ❾ From that day on, I started my life in his cheap apartment. ❿ One morning, someone rang my doorbell. ⓫ When I opened the door, there stood two police officers.

† impersonation なりすまし、まね † a number of 数々の〜
† masterpiece 名画 † make a mistake 失敗する † pose as 〜のふりをする
† feel sorry for 〜を可哀想に思う † get rid of 〜を消す、〜を取り除く

impersonate

impersonate は im + person + ate に分解できる。接頭辞の im- は否定や反対を表す。person の語源は、ラテン語で「顔の仮面、登場人物」を意味する persona からきており、後に広く「人」を意味するようになった。-ate は動詞をつくる接尾辞である。これらをつなぎ合わせた「その人ではなくなる」という意味から、「なりすます」を意味する動詞であると推理できる。

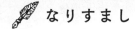
❶ 怪盗——それは、私の生業《なりわい》であり、哲学でもある。

❷ 数々の宝石や名画を盗んできたが、警察に捕まったことはない。

❸ しかし先日、大きな失敗をしてしまった。

❹ それで、捜査の手がのびて正体を知られる前に、私は他人になりすますことに決めた。

❺ すでにターゲットは選んである。

❻ 家族や恋人、友人もいない孤独な男だ。

❼ 考えうる限り、なりすますには最適な人物だ。

❽ 可哀想だが、彼には消えてもらった。

❾ その日から、彼の安アパートで私は暮らしはじめた。

❿ ある朝、誰かが玄関のチャイムを鳴らした。

⓫ ドアを開けると、二人の警察官が立っていた。

39 *Impersonation*

⓬I pretended to be calm, but deep down, I was starting to panic. ⓭Did something go wrong? ⓮I dissolved that man's body with a special chemical, and I underwent plastic surgery so that no one other than his parents could recognize me. ⓯Of course, I know that we both had the same blood type. ⓰As if they were trying to interrupt my thoughts, one of them turned to me and called me by a name. ⓱It was the name of the man I pretended to be. ⓲And he said, "You are **suspected** of stealing underwear!" ⓳In the meantime, the other police officer came into my room and opened the closet. ⓴A pile of women's underwear flooded out from the closet like an avalanche. ㉑Should I get caught as an underwear thief, or should I confess my true identity and be accused of murder? ㉒My philosophy didn't give any answer to the question.

† deep down 内心は　† go wrong 失敗する　† plastic surgery 整形手術
† in the meantime その間に　† flood out あふれ出る

suspect

suspect は p.144 で取り上げた単語だが覚えているだろうか。sus-「下」という意味の接頭辞と、spect「見る」という意味の語幹を合わせてできた単語だ。「下から見る」→「下から疑いの目を向ける」、つまり「疑う」という意味だと推理できる。

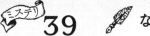

39 なりすまし

⓬ 私は冷静を装ってはいたが、内心ではパニックに陥りかけていた。

⓭ 何か失敗しただろうか?

⓮ あの男の死体は、特殊な薬品で溶かしたし、彼の両親でもない限り私を見分けられないよう、整形手術を受けた。

⓯ もちろん、血液型が同じことも確認済みだ。

⓰ 私の思考をさえぎるように、警察官は私に向かって名前で呼びかけた。

⓱ それは、私がなりすました男の名前だった。

⓲ そして彼は言った。「お前には、下着泥棒の容疑がかかっている!」

⓳ その間にも、もう一人の警察官が部屋に上がり、押入れを開けた。

⓴ 大量の女性用下着が、雪崩のように押入れからあふれ出した。

㉑ 下着泥棒として捕まるべきか、正体を白状して殺人の罪に問われるべきか?

㉒ 私の哲学に照らしても、その質問の答えは出なかった。

| 674 | **phantom**
[fǽnṭəm] | 名 幽霊, 幻 |
| | | 関 phantom thief　怪盗 |

| 675 | **philosophy**
[filá:səfi] | 名 哲学 |
| | | 形 philosophical　哲学的な |

| 676 | **jewel**
[dʒú:əl] | 名 宝石 |

| 677 | **determine**
[dɪtə́:ˈmɪn] | 動 〜を決定する,
　　〜と判断する |
| | | 名 determination　決心 |

| 678 | **identity**
[aɪdénṭəṭi] | 名 正体, 身元 |
| | | 動 identify　〜が誰であるかわかる |

| 679 | **target**
[tá:ˈgɪt] | 名 ターゲット, 標的 |
| | | 動 〜を的にする |

| 680 | **lonely**
[lóʊnli] | 形 孤独な |
| | | 名 loneliness　孤独 |

| 681 | **perfect**
[pə́:ˈfikt] | 形 最適な, 完璧な |
| | | 名 perfection　完全 |

| 682 | **impersonate**
[ɪmpə́:ˈsəneɪt] | 動 〜になりすます,
　　〜をまねる |

例 It was rumored that a <u>phantom</u> had been living under the theater.

その劇場の地下には怪人が住み着いているという噂だった。

例 The detective's <u>philosophy</u> is that she takes every case seriously, no matter how trivial it may be.

どんなにささいであろうとも、すべての事件に真摯に取り組むという哲学をその刑事は持っている。

例 The store manager dared to display the most expensive <u>jewels</u> in the central showcase, where they could be easily seen.

最も高価な宝石を、店長はあえて人目につきやすい中央のショーケースに展示した。

例 The detective <u>determined</u> an inmate, who had been condemned to death for a similar murder, could help solve the case.

似たような殺人事件で死刑を宣告された囚人が事件の解決に役立つと刑事は判断した。

例 The great phantom thief used more than twenty <u>identities</u> and was known as a genius of disguise.

その大怪盗は二十以上の顔を使い、変装の天才として知られていた。

例 "Today's topic is how to safely find a <u>target</u>." The leader of the fraud group began lecturing the new members of the group.

「本日のテーマは、安全なターゲットの探し方です」詐欺グループのリーダーは、新入りたちに講義を始めた。

例 You may think <u>lonely</u> old people living alone are easy to trick, but that's not true. Family members might be living nearby.

みなさんは、一人暮らしの孤独な老人は簡単に騙せると思うかもしれませんが、間違いです。家族が近くに住んでいるかもしれないからです。

例 He has a <u>perfect</u> alibi, but he's still a suspect. The reason I am suspicious is because his alibi has no flaws at all.

彼には完璧なアリバイこそありますが、それでもまだ容疑者の一人です。私が疑っているのは、彼のアリバイが完璧すぎるからです。

例 The narcotics officer <u>impersonated</u> the dealer's customer and approached him.

麻薬取締官は客になりすまして売人に近づいた。

| 683 | **pretend** [prɪténd] | 動 ～を装う |
| | | 形 pretended　うわべだけの |

| 684 | **calm** [kɑːm] | 形 冷静な |
| | | 副 calmly　静かに |

| 685 | **dissolve** [dɪzɑ́ːlv] | 動 ～を溶かす |
| | | 名 dissolution　分解，溶解 |

| 686 | **chemical** [kémɪkəl] | 名 薬品 |
| | | 形 化学の |

| 687 | **recognize** [rékəgnaɪz] | 動 ～が誰であるかわかる，～を認識する |
| | | 名 recognition　承認 |

| 688 | **avalanche** [ǽvəlæntʃ] | 名 雪崩(なだれ) |

| 689 | **confess** [kənfés] | 動 ～を白状する |
| | | 名 confession　自白 |

| 690 | **accuse** [əkjúːz] | 動 ～を訴える，～を非難する |
| | | 関 the accused　被告人，容疑者 |

例 The arsonist returned to the fire <u>pretending</u> to be an onlooker, but the detective did not overlook her smiling.

放火犯は野次馬を装い火災現場に戻ってきたが、刑事は彼女が笑みを浮かべているのを見逃さなかった。

例 The rookie police officer remained <u>calm</u>, even at horrible murder scenes, but it later turned out that he had poor eyesight.

その新米警官は凄惨な殺人現場でも冷静な態度を崩さなかったが、視力が悪いだけだということがあとで判明した。

例 "I wonder how effective this sleeping pill is?" said the pharmacist, as she <u>dissolved</u> the pill in her husband's drink.

「この睡眠薬、どれぐらい効果があるのかしら?」薬剤師は夫の飲み物に錠剤を溶かしながら言った。

例 I suppose the person who carried out this poisoning must be someone who knows a lot about <u>chemicals</u>.

今回の毒殺を実行した人物は、薬品に詳しいやつだろうな。

例 The terrorist who allegedly blew up a bookstore with a lemon-shaped bomb was widely <u>recognized</u> as a novelist.

檸檬型の爆弾で書店を爆破したとされるテロリストは、一般には小説家として認識されていた。

例 The trick of triggering an artificial <u>avalanche</u> was so ridiculous that I tossed the book I was reading.

人工的に雪崩を起こすというトリックがばかばかしすぎて、私は読んでいた本を投げた。

例 "You can see through everything." The criminal had seemed to be a quiet character, but suddenly began to <u>confess</u> her motive.

「すべてお見通しってわけね」それまで無口キャラだと思われていた犯人だったが、突如として動機を白状し始めた。

例 Before <u>accusing</u> his wife of having an affair, Ken consulted his best friend, but found that the friend was his wife's lover.

妻が浮気をしていることを訴える前にケンは親友に相談したが、その親友こそ妻の浮気相手であることがわかった。

The Mystery of the Broken Vase

79

❶An angry roar and a sound of something shattering were heard in the banquet hall. ❷There were two men at the center of the hall. ❸One was sitting on the ground paralyzed with terror, and the other kept standing there flushed with anger. ❹There were shattered pieces of a vase on the floor. ❺A <u>servant</u> quickly cleared up the mess. ❻The incident happened when a man, who couldn't stand, abused a rich moneylender, who was the host of the banquet. ❼A short while before, a drunk man was picking a quarrel with the rich man. ❽"You are a thief stealing money from the poor! ❾The art objects in this house are nothing but stolen goods, including the expensive-looking vase over there!" ❿Hearing this, the rich man lost his temper and raised "the expensive-looking vase" and tried to slam it on the drunk man's head.

† **paralyze** ～を麻痺させる † **flush** 赤くなる † **mess** 散らかったもの
† **moneylender** 金貸し † **pick a quarrel with** ～にからむ
† **nothing but** ～に他ならない † **lose one's temper** かっとなる

servant

servant は serv + ant に分解してその意味を推測できる。serv は、英語の serve という動詞からも連想できるように、「仕える」という意味を表す語根。一方、-ant は「人」を意味する接尾辞。つまり、servant は「仕える人」のことで、「使用人」を意味することがわかる。

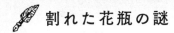

ミステリ 40　割れた花瓶の謎

❶ 怒号と何かが割れるような音が、宴会場に響いた。

❷ 広間の中央には、二人の男がいた。

❸ 一人は恐怖のあまり固まったまま床に座り込み、もう一人は怒りで顔を真っ赤にしてそこに立ち尽くしていた。

❹ 床にはバラバラに砕け散った花瓶の破片。

❺ 使用人が、すばやく散らかったものを片づけた。

❻ 事件は、立つことができずにいる男が、宴会の主催者である金融業を営む富豪を罵倒したことで起こった。

❼ 少し前、酒に酔った男が、富豪にからんでいた。

❽「あんたは、貧乏人から金を盗む泥棒だ！

❾ この家の美術品は、その高価そうな花瓶だって、盗品に他ならない！」

❿ それを耳にした富豪が思わずかっとなって「高価そうな花瓶」を振り上げ、酔った男の頭に叩きつけようとしたのである。

The Mystery of the Broken Vase

❶ The vase hit the floor and smashed into pieces because the drunk man stumbled backward. ❷ The rich man sincerely apologized for losing his temper. ❸ The drunk man sobered up and reflected on his abusive words. ❹ After the banquet was over, the rich man regretted what had happened. ❺ "Perhaps he only figuratively called me a thief. ❻ He couldn't possibly know about my 'side occupation.' ❼ Since he pointed to the stolen vase I carelessly left on display, I had to smash it in order to destroy the evidence in a hurry. ❽ I won't feel at ease until I steal some equally **expensive** jewelry from his house someday."

† apologize for ～に対して謝る † sober up 酔いがさめる
† reflect on ～を省みる † abusive 口汚い † point to ～を指さす
† in a hurry 慌てて、急いで † feel at ease 安心する

expensive

expensive は、名詞 expense と、単語の末尾につき「～の性質をもつ」という意味の形容詞をつくる接尾辞 -ive が組み合わさった形容詞である。さらに分解していくと、expense は、「外へ」という意味の接頭辞 ex- と、「払う」という意味の pense に分けることができる。つまり expense は「外へ払う」→「出費、費用」のことだ。ここに -ive をつけると、「出費の性質をもつ」となることから、expensive は「高価な、高額な」という意味であることがわかる。

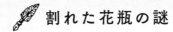

40　割れた花瓶の謎

⓫ 酔った男が後ろによろめいたことで、花瓶は床に当たって粉々に砕け散った。

⓬ 富豪は自分が癇癪（かんしゃく）を起こしたことを心から詫びた。

⓭ すっかり酔いのさめた男も、自分の暴言を反省した。

⓮ 宴会が終わったあとで、富豪はこの出来事を後悔した。

⓯ 「おそらくあの男は、たとえ話で私のことを泥棒と呼んだだけだろう。

⓰ 彼が私の『副業』を知っているはずがない。

⓱ うっかり飾ったままにしていた盗品の花瓶を指さすものだから、急いで証拠隠滅するために花瓶を叩き割らざるをえなかった。

⓲ いつかあの男の家から、花瓶と同じくらい高価な宝石でも盗んでやらないと気がすまないな」

691	**roar** [rɔːʳ]	名 怒声, （野生動物の）吠え声 動 吠える
692	**shatter** [ʃǽtəʳ]	動 粉々になる
693	**banquet** [bǽŋkwɪt]	名 宴会, 晩餐会 <small>ばんさん</small>
694	**terror** [térəʳ]	名 恐怖
695	**servant** [sə́ːʳvənt]	名 使用人 動 serve ～に仕える
696	**abuse** [əbjúːs]	動 ～を罵倒する, ～を乱用する
697	**host** [hoʊst]	名 主催者 動 ～を主催する
698	**thief** [θiːf]	名 泥棒 名 theft 窃盗
699	**slam** [slæm]	動 ～を叩きつける, （戸など）をバタンと閉める 名 バタンという音

例 The coach scolded the players so harshly that his <u>roar</u> could be heard outside the gym. But yesterday, it was as silent as a grave.

監督は選手たちを厳しく叱り、彼の怒鳴り声は体育館の外まで聞こえるほどだったんです。でも昨日は、不気味なくらい静まり返っていました。

例 During the fierce gunfight, the church's stained-glass window <u>shattered</u>.

激しい銃撃戦の最中、教会のステンドグラスは粉々に砕けた。

例 The bodyguard on duty at a <u>banquet</u> became suspicious of a server, who was wearing a flashy ring on her index finger.

晩餐会で任務にあたっていたボディーガードは、給仕人の一人が人差し指に派手な指輪をつけているのを不審に思った。

例 A woman shaking in <u>terror</u> ran to a police box. She said she saw someone with an ax under her bed.

恐怖で震えながらも、女性は交番に駆けこんだ。ベッドの下に、斧を持った人間が見えたのだという。

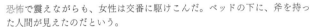

例 The master ordered the <u>servant</u> to guard the granddaughter of the man who saved his life.

命を救ってくれた恩人の孫娘を守るよう、主人は使用人に命じた。

例 That student confessed that he committed the crime because he was <u>abused</u> by the professor about his research in public.

教授から公衆の面前で自分の研究を罵倒されたため犯行におよんだと学生は供述している。

例 When the <u>host</u> removed the cloth draped over the famous painting, the hall started buzzing. It was chopped up by someone.

名画を覆っていた布を主催者が外すと、広間はざわめき出した。何者かによって絵が切り刻まれていたのだ。

例 Even though *Nezumi Kozo* was a <u>thief</u>, he was so-called gentleman thief and did not steal for his own self-interest.

鼠小僧は泥棒と言ってもいわゆる義賊で、私利私欲のために盗みを働きはしなかった。

例 The dictator ran into his study and <u>slammed</u> the door. Then he stuffed his suitcase with all the money and jewels to escape.

独裁者は書斎に駆け込むと扉をバタンと閉めた。そして、ありったけの金と宝石をスーツケースに詰め込んで逃げようとした。

700	**smash** [smæʃ]	動 粉々になる 関 smash into pieces　粉々になる
701	**stumble** [stʌ́mbəl]	動 よろめく, つまずく
702	**backward** [bǽkwəʳd]	副 後ろへ 対 forward　前へ
703	**sincerely** [sɪnsíəʳli]	副 心から, 誠実に 形 sincere　誠実な
704	**regret** [rɪɡrét]	動 ～を後悔する 形 regretful　後悔している
705	**figuratively** [fíɡjərətɪvli]	副 たとえて, 比喩的に 関 Figuratively speaking 　たとえて言うと
706	**occupation** [àːkjəpéɪʃən]	名 職業, (土地などの)占有 関 side occupation　副業
707	**carelessly** [kéəʳləsli]	副 うっかりと, 不注意にも 形 careless　不注意な
708	**equally** [íːkwəli]	副 等しく, 同様に 形 equal　等しい

例 The culprit used a trick to make the window <u>smash</u> into pieces in order to hide the weapon—an ashtray made of glass.

窓が粉々に割れるトリックを犯人が使ったのは、凶器を隠すためだったんです——ガラス製の灰皿をね。

例 According to the jogger who found the body, he <u>stumbled</u> over something that turned out to be the leg of a person.

遺体を発見したジョギング走者によると、何かにつまずいて転び、それが人の足とわかったということです。

例 The culprit follows his own footsteps <u>backward</u> creating confusion as to how he got to or left the scene.

犯人は自分の足跡を後ろ向きにたどって、どうやって現場に来て、そして去ったのか混乱させようとした。

例 "So, what were you doing then?" asked the detective <u>sincerely</u>. "Just because you're a cop doesn't mean you're not a criminal."

「それで、その頃あなたは何をしていたんですか?」探偵は誠意をもって尋ねた。「警官だからって、あなたが犯人じゃないとは限らないですからね」

例 The man was <u>regretting</u> what he did. "I am now suspected of spying and murder. I just picked up someone's smartphone!"

男は自分の行いを後悔していた。「スパイだけでなく殺人の容疑までかけられるなんて。俺はただ、スマホを拾っただけなのに!」

例 <u>Figuratively</u> speaking, she is like a high-end camera. She can memorize every small detail of a crime scene just by looking once.

たとえるなら、あいつは高性能カメラだ。一度見ただけで、犯行現場のどんな細かい状況も頭に入れちまう。

例 The police officer who has reached his retirement age now has a new <u>occupation</u> as an investigator in a private detective agency.

その巡査は定年退職後の現在、私立探偵事務所の調査員として新しい職を得ている。

例 In mystery novels, a line that a character <u>carelessly</u> says often ends up being information only the culprit would know.

推理小説では、登場人物がうっかり口をすべらせたそのひと言が、真犯人しか知り得ない情報であるということがよくある。

例 The leader had promised his gang that the loot would be distributed <u>equally</u>, but he never returned to their lair.

不良グループのリーダーは戦利品を均等に分けると約束したが、彼がアジトに戻ることはなかった。

41 *The Power of Goodwill*

❶ It has been one week since my girlfriend disappeared. ❷ Before she left, she had lost almost all of her memories. ❸ That was caused by a traffic accident a year ago. ❹ She suffered from brain damage that made her lose her memories as time went by, such as her name and background. ❺ Moreover, she even presumed that the name of a person she saw on TV and other's lives she heard about were her own. ❻ I didn't know how to interact with her, since she was <u>constantly</u> updating her memories with the lives of other people. ❼ That was when she disappeared. ❽ However, I finally realized I should have stayed with her then.

† suffer from（損害などを）受ける † as time goes by しだいに

constantly

交通事故で記憶を失ったという語り手の彼女は、テレビで見聞きした他人の人生を自分のものだと思い込むようになった。その結果、彼は「別の人の人生に constantly に記憶が更新されていく彼女とどう付き合うべきか、わからなかった」と述べている。どう付き合うべきかわからなくなるほどなのだから、記憶の更新はおそらく一度や二度ではないのだろう。constantly が「絶えず、いつも」という意味の副詞であることが導き出せれば、事件解決だ。

ミステリ 41　🖋 善意の力

❶ 僕の恋人が消えてから一週間になる。

❷ 姿を消す前、彼女はほぼすべての記憶を失ってしまっていた。

❸ それは一年前の交通事故によって起こった。

❹ 脳に負った損傷により、彼女は自分の名前や生い立ちなどの記憶を、しだいに失っていった。

❺ そのうえ、テレビで見た人の名前や、耳にした他人の人生を、自分のものだと思い込むようにさえなってしまったのだ。

❻ 別の人の人生に絶えず記憶が更新されていく彼女とどう付き合うべきか、僕はわからなかった。

❼ 彼女が消えたのは、そんな矢先のことだった。

❽ しかし、そのときになってようやく、僕は彼女に寄り添わなければいけなかったことに気づいた。

41 *The Power of Goodwill*

❾I posted this detailed story on social media. ❿I also uploaded her pictures from different angles, and asked the people who saw my post for any information they had on her. ⓫Soon after my post, I was able to get a lot of eyewitness information on her, one after another. ⓬I felt as if I were the chief of an investigation <u>headquarters</u>. ⓭I was proud of myself to have thought of this smart idea, which was to make use of the goodwill of others. ⓮Some of the information might be false, but the overlapping sightings should be credible. ⓯She might be using a different name, but I took precautions when making my posts. ⓰Even though I loved her this much, she called me a "stalker" and left me. ⓱She would soon come to regret that she had underestimated my sense of revenge.

† eyewitness information 目撃情報　† one after another 次々と
† smart 賢い　† make use of 〜を利用する　† false 誤った
† overlap 重複する　† sighting 目撃　† precaution 予防線

headquarters

headquarters は head + quarters に分解できる。quarter は「四分の一」という意味以外に「区画、場所、部署」などの意味がある。そう、headquarters とは「部署の頭」、すなわち「本社、本部」を意味するのである。最後に s がつく点に注意が必要だが、「たくさんある部署の中の頭」と考えればわかりやすいだろう。

41　善意の力

❾ 僕は SNS にこの詳細なストーリーを投稿した。

❿ そして、さまざまな角度からの彼女の写真もアップロードし、僕の投稿を見た人々に彼女に関する情報提供を呼びかけた。

⓫ 投稿直後から次々と、たくさんの目撃情報が僕のもとに寄せられた。

⓬ 捜査本部長にでもなったような気分だった。

⓭ 他人の善意を利用する賢いアイデアを思いついた自分が誇らしい。

⓮ デタラメな情報もあるだろうが、重複する目撃例は信用できるはずだ。

⓯ 彼女は違う名前を名乗っているかもしれないが、投稿の際に予防線を張っている。

⓰ こんなにも愛しているのにもかかわらず、彼女は僕のことを「ストーカー」呼ばわりして、僕の前から姿を消した。

⓱ 僕の復讐心を甘くみたことを、すぐに後悔することになるだろう。

| 709 | **cause** [kɔ:z] | 動 ～を引き起こす, ～させる |
| | | 名 原因 |

| 710 | **traffic** [trǽfɪk] | 名 交通 |
| | | 関 traffic jam　交通渋滞 |

| 711 | **brain** [breɪn] | 名 脳 |
| | | 関 brain wave　脳波, ひらめき |

| 712 | **background** [bǽkgraʊnd] | 名 生い立ち, 背景 |
| | | 関 background check　身辺調査 |

| 713 | **moreover** [mɔ:róʊvɚ] | 副 そのうえ |
| | | 類 furthermore　おまけに |

| 714 | **presume** [prɪzjúːm] | 動 ～と思い込む, ～を推定する |

| 715 | **interact** [ɪntərǽkt] | 動 付き合う, 作用する |
| | | 名 interaction　交流, 相互作用 |

| 716 | **constantly** [ká:nstəntli] | 副 絶えず |
| | | 形 constant　不変の |

| 717 | **update** [ʌpdéɪt] | 動 ～を更新する |
| | | 名 最新情報 |

例 My son was not thrown into the pool after being murdered. The act of throwing him into the pool <u>caused</u> him to drown.

息子は殺されたあとでプールに投げ込まれたんじゃない。プールに投げ込むことで彼を溺死させたんです。

例 The bank robbers were caught in heavy <u>traffic</u>, so they abandoned their car and tried to get away on foot.

銀行強盗たちは交通渋滞に巻き込まれたため、車を乗り捨て徒歩で逃げようとした。

例 "My gray <u>brain</u> cells seem to be incapable of solving this difficult case...." The inept detective quit immediately.

「私の灰色の脳細胞では、この難事件を解決するのは難しいようです……」迷探偵は早々とさじを投げた。

例 The culprit's <u>background</u> indicated nothing special, so no one could foresee the sensational murder that he would commit.

その犯人の生い立ちはいたって平凡で、世間を騒がせる殺人事件を起こすことになるとは誰も予見できなかった。

例 No, the footprints were too small for an adult. <u>Moreover</u>, some said they heard a pupil's voice at the time of the crime.

いや、足跡は大人のものにしては小さすぎる。そのうえ、犯行時刻に児童の声が聞こえたという証言もあります。

例 You <u>presumed</u> that she witnessed your first murder. That's why you killed her, but you unfortunately didn't need to.

あなたは第一の殺人を彼女に目撃されたと思い込んだ。だからあなたは彼女を殺した、しかしあいにく、その必要はなかったんです。

例 Both of these solutions are available at drugstores, but when mixed, they <u>interact</u> with each other and become toxic.

これらの溶液はどちらも薬局で手に入りますが、混ぜると互いに作用して、毒性を帯びるんです。

例 The young officer who was investigating the suspect was bothered by the suspect <u>constantly</u> changing their story.

絶えず話す内容が変わる容疑者に、取り調べをしていた若い刑事は困惑した。

例 The company's website was <u>updated</u> illegally by someone, and their visitors viewed obscene photos of the president.

会社のウェブサイトが何者かによって不正に更新され、訪問者たちは社長の猥褻写真を目にした。

718	**post** [poʊst] 🔍🔍🔍	動 ～を投稿する 名 投稿
719	**upload** [ʌ́ploʊd] 🔍🔍	動 ～をアップロードする
720	**angle** [ǽŋɡəl] 🔍🔍	名 角度, 観点
721	**chief** [tʃiːf] 🔍🔍	名 (組織・集団の)長, ボス
722	**headquarters** [hédkwɔ̀ːˈṭəˈz] 🔍🔍	名 本部, 本社
723	**goodwill** [ɡʊ̀dwíl] 🔍	名 善意
724	**credible** [krédəbəl] 🔍	形 信用できる
725	**underestimate** [ʌ̀ndəréstɪmeɪt] 🔍	動 ～を過小評価する 名 過小評価
726	**revenge** [rɪvéndʒ] 🔍🔍	名 復讐 動 ～に復讐する

例 The man who had been <u>posting</u> fake threats on social media has been arrested at last.

SNS に嘘の脅迫を投稿していた男がようやく逮捕された。

例 His house was identified because he <u>uploaded</u> a selfie that had a unique sign in the background.

珍しい看板が背景に写り込んだ自撮り写真をアップロードしたことによって、男の住居が特定された。

例 "If they had struggled, it wouldn't go in vertically." The detective noticed the <u>angle</u> the knife was stuck in the dead body's belly.

「もみ合いになったのなら、垂直には刺さらないだろう」探偵は遺体の腹部に刺さったナイフの角度に注目した。

例 The detective said the Miranda warning, "You have the right to remain silent..." to the <u>chief</u> of the drug cartel.

「あなたには黙秘権がある……」刑事は麻薬カルテルのボスにミランダ警告を告げた。

例 An investigation <u>headquarters</u> was established soon after the simultaneous arson incidents happened.

同時多発放火事件の発生後すぐに捜査本部が設置された。

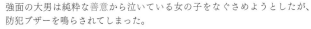

例 The large fierce-looking man tried to soothe the crying girl out of pure <u>goodwill</u>, but she activated her keychain alarm.

強面の大男は純粋な善意から泣いている女の子をなぐさめようとしたが、防犯ブザーを鳴らされてしまった。

例 What is more <u>credible</u> than witnesses is material proof. Objects never lie.

信用できるのは、目撃者よりも物的証拠だ。物は嘘をつかない。

例 "Do not <u>underestimate</u> your enemy no matter what the consequences," said the officer, putting on a bulletproof vest.

「どんな状況であっても、敵を見くびるな」そう言って、警官は防弾チョッキを着込んだ。

例 The prince got his <u>revenge</u> against the uncle who had poisoned his father and seized the throne.

父親を毒殺し王位を奪った叔父に、王子は復讐を果たした。

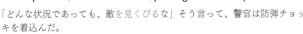

42 *The Kind Genie*

83

❶A genie appeared in front of two hikers, father and son, who lost their way on a snowy mountain. ❷They were worn out and seemed to be on the verge of death. ❸As a matter of fact, the genie was worried. ❹He was working very hard to fulfill people's wishes. ❺However if they were not what they expected, many of them complained, "You said you could grant me anything I wanted. You <u>deceived</u> me!" ❻Because of this, he was punished and was even assigned training courses in the genie world. ❼He now wanted to help them from the bottom of his heart. ❽Nevertheless, some people even tried to cheat and abuse him. ❾He realized the importance of establishing a trusting relationship with them first.

† lose one's way 遭難する、道に迷う † be worn out 衰弱する
† on the verge of ～の寸前で † as a matter of fact 実は
† from the bottom of one's heart 心の底から † abuse ～を悪用する

deceive

deceive は de + ceive に分解してその意味を推理してみよう。まず、de- は「離れる」という意味の接頭辞。単語にネガティブなニュアンスをつけ加える働きがある。次に、ceive は「取る」という意味の語根。つまり、deceive は「取って（奪って）離れる」ことから、「～を騙す」という意味になるとわかれば事件解決だ。

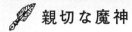

42 親切な魔神

❶雪山で遭難した二人のハイカー、父と息子の前に魔神が現れた。

❷親子は衰弱しきっており、今にも死にそうである。

❸実は、魔神は悩んでいた。

❹彼は人々の願いを叶えようと懸命に頑張っている。

❺しかし、自分たちが思っていたとおりにならないと、「望むものは何でも叶えられるとお前は言ったじゃないか。騙したな！」と多くの者が文句を言った。

❻そのため彼は魔神界で懲罰を受け、研修まで受けさせられることになってしまったのだ。

❼今では、心の底から人々を助けたいと思っている。

❽それなのに、魔神を騙し悪用しようとさえする者もいる。

❾彼は、最初に人々と信頼関係を築くことの大切さを悟った。

42

The Kind Genie

⑩ The genie took out a <u>contract</u> in front of the hikers, and started explaining each of the clauses carefully. ⑪ "If there is anything you don't understand, feel free to ask questions. ⑫ It's okay even in the middle of my talking. ⑬ You will need to pay special attention to the section 'Methods and Interpretations of Wishes.' ⑭ In the past, many troubles have been caused by the misunderstanding of the words of the wishes." ⑮ He took the time to break it down for them to understand. ⑯ The genie's body which had been tinted black, turned into a shining white figure. ⑰ In the end, they didn't ask any questions. ⑱ They didn't even utter any wishes. ⑲ Their flames of life had burned out while the genie was explaining.

† feel free to *do* 遠慮なく～する   † pay attention to ～に注意を払う
† break A down Aを分解する   † turn into ～に変わる   † flame 炎

contract

contract は con + tract に分解できる。まず、con- は「ともに」という意味の接頭辞 com- の変化した形。そして tract は「～を引く、～を引っ張る」という意味をもつ。つまり、contract とは「ともに引っ張り合う」ことから、「関係者同士が引き寄せ合って合意するもの」、すなわち「契約、契約書」を意味する。物語では「契約書」という意味の名詞で登場しているが、contract は「～と契約する」という意味の動詞としても使われることを押さえておこう。

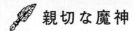
⑩ 魔神は、ハイカーたちの前で契約書を取り出し、それぞれの条項について丁寧に説明しはじめた。

⑪ 「もし、わからないことがあれば、遠慮なく質問してくださいね。

⑫ 話の途中でも構いません。

⑬ 『願い事の方法と解釈』の項目は、特に注意してお聞きください。

⑭ これまでに、多くのトラブルが、願い事の言葉の解釈の違いによって起こっていますので」

⑮ 魔神は時間をかけ、彼らが理解できるようにかみくだいて説明した。

⑯ 黒く染まっていた魔神の身体が、白く光り輝く姿に変わっていた。

⑰ 結局、親子からの質問はなかった。

⑱ 彼らが願い事を発することすらもなかった。

⑲ 魔神が説明をしている間に、命の灯は燃え尽きていたのだ。

727	**hiker** [háɪkɚ]	名 ハイカー, 徒歩旅行者 動 hike　ハイキングをする
728	**snowy** [snóʊi]	形 雪の降る, 雪の積もった 名 snow　雪
729	**fulfill** [fʊlfíl]	動 ～を叶える, 　　～を実現する 名 fulfillment　遂行, 実現
730	**deceive** [dɪsíːv]	動 ～を騙す 名 deception　騙すこと
731	**punish** [pʌ́nɪʃ]	動 ～を罰する 名 punishment　罰
732	**nevertheless** [nèvɚðəlés]	副 それにもかかわらず 類 in spite of　～にもかかわらず
733	**cheat** [tʃíːt]	動 ～を騙す 名 cheating　いかさま
734	**importance** [ɪmpɔ́ːʳtns]	名 重要性 形 important　重要な
735	**establish** [ɪstǽblɪʃ]	動 （関係など）を築く, 　　（会社など）を設立する

例 The radio news reported that the killer on the run is a red-haired young man. I'm glad I didn't give that suspicious <u>hiker</u> a ride.

ラジオのニュースによると、逃走中の殺人鬼は赤毛の若い男だという。よかった、あの怪しげなハイカーを乗せなくて。

例 The skier testified that something that looked like a hand was sticking out from the <u>snowy</u> ground.

雪が積もった地面から人の手のようなものが突き出ていたとスキーヤーは証言した。

例 To <u>fulfill</u> my dream, I got into a taxi and said, "Follow that red car in front of us!" It was the line I had always wanted to say.

夢を叶えるため、私はタクシーに乗り込むと「前の赤い車を追ってくれ！」と言った。ずっと言ってみたいと思っていたセリフだった。

例 The drunkard was always <u>deceiving</u> others by lying that he had killed someone, but no one believed him.

その飲んだくれの男はいつも人を殺したことがあると嘘をついて皆を騙していたが、信じる者はなかった。

例 "The crime was a very brutal one, and the victim suffered a lot. I will severely <u>punish</u> the defendant," said the judge.

「犯行は極めて残酷で、被害者が受けた苦痛は計り知れない。被告を厳罰に処す」と裁判官は告げた。

例 The mother alleged that her son drowned in a family pool. <u>Nevertheless</u>, it was found that he had seawater in his lungs.

母親は息子が自宅用プールで溺死したと主張した。それにもかかわらず、彼の肺の中には海水が入っていたことがわかった。

例 He introduced himself as the illegitimate child of the billionaire in order to <u>cheat</u> the bereaved family out of their inheritance.

彼は大富豪の隠し子を名乗り、遺族から遺産を騙し取ろうとした。

例 The experienced detective showed the worn-out soles of his shoes as evidence to the <u>importance</u> of poking around.

聞き込み調査の重要性を示す証拠として、ベテラン刑事は踵がすり減った靴を見せた。

例 The detective <u>established</u> a close relationship with the gossipy housewives, which helped solve many cases.

探偵は噂好きの主婦たちと親しい関係を築いており、それは数々の事件を解決する助けになった。

736	**contract** [ká:ntrækt]	名 契約書 動 契約する
737	**clause** [klɔːz]	名 (契約書などの)条項
738	**section** [sékʃən]	名 (文書などの)項, 部分
739	**method** [méθəd]	名 方法
740	**interpretation** [ɪntəˈprɪtéɪʃən]	名 解釈 動 interpret 〜を解釈する
741	**misunderstanding** [mìsʌndəˈstændɪŋ]	名 解釈違い, 誤解 動 misunderstand 〜を誤解する
742	**tint** [tɪnt]	動 〜を染める
743	**figure** [fígjəˈ]	名 姿, 人影
744	**utter** [ʌ́ɾəˈ]	動 〜を発する

例 The temporary worker who had been making copies of the <u>contracts</u> of the new business was a spy from a rival company.

新規事業に関する契約書のコピーを取っていた臨時の従業員は、ライバル企業から送り込まれたスパイだった。

例 "This <u>clause</u> is written in small print, so no one will notice," mumbled the swindler, who was preparing a fake contract.

「この条項は小さい文字で書いてあるから、誰も気づかないだろう」詐欺師はインチキな契約書を作成しながらつぶやいた。

例 "What's this? The words in this <u>section</u> are suspiciously smaller than the others." The contract was returned at once.

「何ですか、これ？ この部分だけ他より字が小さくて、怪しいんですけど」契約書は速やかに突き返された。

例 What <u>method</u> did the culprit use to kill the victim on an airplane, where no weapons are allowed?

凶器が持ち込めない飛行機内で、犯人は一体どんな方法で被害者を殺したのだろうか？

例 The victim's index finger was pointing at a terrestrial globe. The detective's <u>interpretation</u> was that this meant something.

被害者の人差し指は地球儀を指していた。これは何かを表している、というのがその刑事の解釈であった。

例 "This must be a <u>misunderstanding</u>! Something is wrong!" The maid protested with a bloody scissors in her hand.

「誤解です！ 何かの間違いです！」メイドは手に血まみれの鋏を握ったままの状態で抗議した。

例 When a special solution was rubbed on the pieces of evidence, the invisible fingerprints on them became <u>tinted</u> pink.

証拠品に特殊な溶液を塗ると、目に見えなかった指紋がピンクに染まった。

例 The inside pictures of a house for rent gained online popularity because there was a shadowy <u>figure</u> in every one of them.

ある貸家の内観を写した写真がネットで話題になった。そのすべてにぼんやりした人影が写り込んでいるというのだ。

例 "Your job is to find out my motive and the weapon." The girl never <u>uttered</u> a word about why she killed her boyfriend.

「動機と凶器を見つけるのはお任せします」彼氏を殺した理由について少女は一言も言葉を発さなかった。

43 *A Choice of Fate*

85

❶A revolutionary army rose up in a country. ❷The government army succeeded in <u>suppressing</u> the revolt, and a large number of people who supported the revolt were put into a concentration camp. ❸One day, the inmates were made to line up in a row in the courtyard. ❹A soldier was standing at the beginning of the line and haphazardly dividing the inmates up into two groups, right and left. ❺A man with a soft smile and a large scar on his face stood in front of the soldier. ❻The soldier pondered for a moment, but soon resumed his work. ❼He assigned the scarred man to the right group. ❽This choice changed his fate. ❾A few years later, he was executed and his short life was put to an end.

† revolutionary army 革命軍 † rise up 反乱を起こす
† succeed in ～に成功する † concentration camp 強制収容所
† line up 並ぶ † in a row 一列に † soldier 兵士
† divide A up into B AをBに分ける † execute ～を処刑する
† put A to an end Aに終止符を打つ

suppress

物語によると、「政府軍は反乱を suppress することに成功し、反乱を支持した多数の人々が、強制収容所に入れられた」。反乱者を収容所に送るにはまず、反乱を「鎮圧する」必要がある。そう、suppress は「～を鎮圧する」という意味の動詞だ。

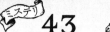 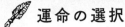

43 運命の選択

❶ ある国で革命軍による反乱が起こった。

❷ 政府軍は反乱を鎮圧することに成功し、反乱を支持した多数の人々が、強制収容所に入れられた。

❸ ある日、収容者たちは中庭で一列に並ばされた。

❹ 列の先頭には一人の兵士が立ち、収容者を場当たり的に右と左の二つのグループに分けていく。

❺ 柔和な笑みを浮かべた、顔に大きな傷跡がある男が兵士の前に立った。

❻ 兵士は一瞬だけ考え込んだが、すぐに作業を再開した。

❼ 顔に傷のある男を右側のグループに振り分けた。

❽ この選択が、彼の運命を変えた。

❾ 数年後、彼は処刑され、短い生涯を閉じることになったのだ。

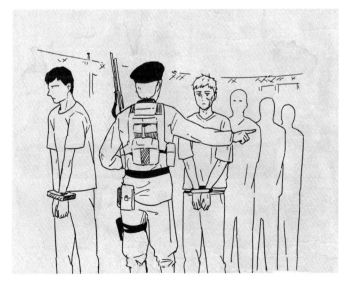

43 *A Choice of Fate*

❿ The "dividing" that took place in the camp was the selection of those to be executed. ⓫ The decision of who had to be executed relied <u>solely</u> on the soldier's intuition. ⓬ Several years later, the revolutionary army that was once suppressed succeeded in a coup and overthrew the government. ⓭ The charismatic leader of the revolutionary army was the man with a large scar on his face. ⓮ The leader, who had lived through hell in the camp, did not forgive the slaughter there. ⓯ Whoever took part in the slaughter, high-ranking officials and privates alike, were all put on trial and sentenced to death. ⓰ The soldier who was in charge of the selection was among them. ⓱ The soldier did remember the man with a large scar. ⓲ "I see, that guy led the revolution to a success. ⓳ I wish I had placed him on the execution side..." ⓴ The soldier's choice changed his own fate.

† coup クーデター † slaughter 虐殺 † high-ranking official 高官
† private 兵卒 † alike 同様に † execution 処刑

solely

単語を副詞化する接尾辞 -ly があるということは、この単語は副詞だ。sole は、「唯一の」「ただひとつの」という意味の形容詞で、日本語でもピアノソロなどで使う、あの「ソロ」だ。つまり、処刑される人は兵士の直感「だけ」を頼りに決められたのだ。

❿ 収容所で行われた「振り分け」は、処刑される人の選別だった。

⓫ ただ兵士の直感だけを頼りに、処刑されるべき人が決められたのだ。

⓬ 数年後、一度は鎮圧された革命軍がクーデターに成功し、政府を転覆させた。

⓭ 革命軍のカリスマ的指導者は、顔に大きな傷のあるあの男だった。

⓮ 収容所の地獄を生き延びた指導者は、そこでの虐殺を許さなかった。

⓯ 虐殺行為に加担した者は誰であれ、政府高官から一兵卒に至るまで一様に裁判にかけられ、死刑にされた。

⓰ その中には、選別を行ったあの兵士もいた。

⓱ 兵士は大きな傷のある男を覚えていた。

⓲ 「あぁ、あの男が革命を成功に導いたのか。

⓳ 俺が奴を処刑側に振り分けていれば……」

⓴ 兵士の選択は、兵士自身の運命を変えたのだ。

| 745 | **suppress** [səprés] | 動 （反乱など）を鎮圧する |
| | | 名 suppression　鎮圧 |

| 746 | **revolt** [rɪvóʊlt] | 名 反乱 |

| 747 | **inmate** [ínmeɪt] | 名 収容者 |
| | | 類 prisoner　囚人 |

| 748 | **courtyard** [kɔ́ːˤtjɑːˤd] | 名 中庭 |

| 749 | **haphazardly** [hæphǽzəˤdli] | 副 場当たり的に |
| | | 形 haphazard　無計画の, でたらめの |

| 750 | **scar** [skɑːˤ] | 名 傷跡 |
| | | 動 〜に傷跡をつける |

| 751 | **ponder** [pɑ́ːndəˤ] | 動 熟考する |

| 752 | **resume** [rɪzjúːm] | 動 〜を再開する |

| 753 | **assign** [əsáɪn] | 動 〜を配属する, 〜を割り当てる |
| | | 名 assignment　仕事, 課題 |

例 The riots that happened in five cities at once were <u>suppressed</u> immediately.

五つの街で同時に起きた暴動は、まもなく鎮圧された。

例 The leader of the <u>revolt</u> was a boy who was seventeen years old. Asked about his motive, he just answered, "I was bored."

反乱の首謀者は十七歳の少年だった。動機を尋ねられた彼は、「退屈だったから」とだけ答えた。

例 That man is now in jail. An <u>inmate</u> cannot kill someone "outside the walls."

その男なら今は服役中だ。囚人が「塀の外」で人を殺すのは不可能だよ。

例 Only four guests could get from their rooms to the <u>courtyard</u> where the body was found without being seen by anyone.

誰にも見られることなく部屋から死体が発見された中庭に行くことができたのは、四人の宿泊客だけである。

例 The fugitive <u>haphazardly</u> stole things wherever she went, and showed no signs of regret after she was arrested.

逃亡者は行く先々で場当たり的に盗みを繰り返し、逮捕後も悪びれる様子を見せなかった。

例 The detective took notice of multiple surgical <u>scars</u> on the chest of the headless body.

刑事は首なし死体の胸部にある複数の手術痕に注目した。

例 "The body is still warm..." The detective <u>pondered</u> for a second and continued. "The killer must be close."

「まだ死体は温かい……」少しの間、探偵は熟考して言葉を続けた。「殺人鬼は近くにいるはずだ」

例 The body had no noticeable wounds, but the autopsy revealed the person was poisoned. Soon the investigation was <u>resumed</u>.

遺体に目立った外傷はなかったが、検視の結果、毒殺されていたことが判明した。すぐに捜査が再開された。

例 The young man who was <u>assigned</u> a task from a group of swindlers visited the elderly man's house to take his credit card.

詐欺グループから仕事を割り当てられた若い男は、クレジットカードを奪うために老人の家を訪れた。

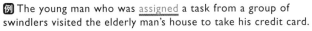

754	**selection** [səlékʃən]	名 選別, 品揃え 動 select ～を選ぶ
755	**rely** [rɪláɪ]	動 頼る 類 depend 頼る
756	**solely** [sóʊlli]	副 ただ～だけで, 単独で 形 sole ただ一人の, 唯一の
757	**intuition** [ìntjuíʃən]	名 直感
758	**overthrow** [òʊvəˈθróʊ]	動 ～を転覆する, ～を倒す 活 overthrow-overthrew-overthrown
759	**charismatic** [kæ̀rɪzmǽtɪk]	形 カリスマ的な 名 charisma カリスマ
760	**hell** [hel]	名 地獄 対 heaven 天国
761	**trial** [tráɪəl]	名 裁判, 試験
762	**revolution** [rèvəlúːʃən]	名 革命

例 That secondhand shop has a <u>selection</u> of cheap furniture, such as bloodstained mattresses or chairs used for suicide.

あのリサイクルショップなら、安い家具を取り揃えているよ。血がついたマットレスとか、自殺に使われた椅子とかだけどね。

例 I grope my way in the dark, <u>relying</u> entirely on my memory. Then, my fingers touched something flabby, warm, and wet.

私は記憶だけを頼りに暗闇の中を手探りで進んだ。そのとき、私の指が、ぶよぶよして、生温かくて、濡れている何かに触れた。

例 "I am <u>solely</u> to blame," the senior detective apologized to his boss on behalf of his subordinate who let the culprit get away.

「非難されるべきは私ただ一人だけです」犯人を取り逃がした部下に代わって、先輩刑事は上司に頭を下げた。

例 My <u>intuition</u> tells me there must be one person behind all of these cases.

これらの事件のすべてには黒幕がいるに違いないと、俺の勘が囁いている。

例 The king's younger brother conspired with the minister and planned to <u>overthrow</u> his elder brother and seize power.

王の弟は大臣と共謀し、実の兄を倒して政権を奪おうと計画した。

例 The incident of the <u>charismatic</u> writer being kidnapped turned out to be staged.

カリスマ作家が誘拐された事件は狂言であることが判明した。

例 Even though I know I will go to <u>hell</u> for my actions, I had to do whatever it takes to take revenge on him!

たとえそうすることで地獄に堕ちるとわかっていても、何としてでもあいつに復讐しなきゃならなかったんだ！

例 "If the witness said I was there, it could have been the other character," said the man with a split personality at his <u>trial</u>.

「私がそこにいたと目撃者が言うのであれば、それは別の人格だったのかもしれませんね」多重人格の男は裁判でそう語った。

例 Though it was reported that the emperor had been executed after the <u>revolution</u>, some believe he is still alive.

皇帝は革命の後処刑されたと報告されたが、今でも生きていると信じる者もいる。

44 *The Mysterious Deliveries*

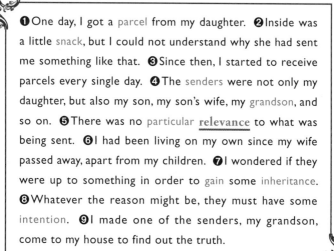

❶ One day, I got a parcel from my daughter. ❷ Inside was a little snack, but I could not understand why she had sent me something like that. ❸ Since then, I started to receive parcels every single day. ❹ The senders were not only my daughter, but also my son, my son's wife, my grandson, and so on. ❺ There was no particular **relevance** to what was being sent. ❻ I had been living on my own since my wife passed away, apart from my children. ❼ I wondered if they were up to something in order to gain some inheritance. ❽ Whatever the reason might be, they must have some intention. ❾ I made one of the senders, my grandson, come to my house to find out the truth.

---

† mysterious 謎の † every single day 毎日毎日
† not only A but also B A だけでなく B も † on one's own 一人で
† pass away 亡くなる † apart from ～と離れて
† wonder if ～ではないかと思う † up to ～を企む

relevance

relevance は、まずその接尾辞 -ance に注目しよう。-ance は -ence と同じく、単語を名詞化する働きがある。つまり、relevance は形容詞 relevant「関連がある」を名詞化したものなのだ。「関連があるもの」、すなわち「関連性」が relevance の意味だ。

44 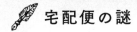 宅配便の謎

❶ある日、娘から小包が届いた。

❷中に入っていたのは、ちょっとしたお菓子だったが、そんなものを送ってきた理由がわからなかった。

❸それから、毎日毎日小包が届くようになった。

❹差出人は娘だけではなく、息子であったり、息子の嫁であったり、孫であったりとさまざまだった。

❺送られてくるものにも、特に関連性はない。

❻妻に先立たれて以来、私は子どもたちと離れて一人で暮らしている。

❼子どもたちが遺産を手に入れるために、何かを企んでいるのではないかとも思った。

❽理由がどうであれ、何か意図があるに違いない。

❾差出人の一人である孫を自宅に呼んで、真相を探ることにした。

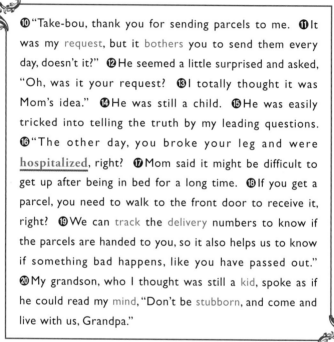

44 *The Mysterious Deliveries*

❿ "Take-bou, thank you for sending parcels to me. ⓫ It was my request, but it bothers you to send them every day, doesn't it?" ⓬ He seemed a little surprised and asked, "Oh, was it your request? ⓭ I totally thought it was Mom's idea." ⓮ He was still a child. ⓯ He was easily tricked into telling the truth by my leading questions. ⓰ "The other day, you broke your leg and were <u>hospitalized</u>, right? ⓱ Mom said it might be difficult to get up after being in bed for a long time. ⓲ If you get a parcel, you need to walk to the front door to receive it, right? ⓳ We can track the delivery numbers to know if the parcels are handed to you, so it also helps us to know if something bad happens, like you have passed out." ⓴ My grandson, who I thought was still a kid, spoke as if he could read my mind, "Don't be stubborn, and come and live with us, Grandpa."

† tricked A into *doing* ～するようにAを騙す
† leading question 誘導尋問　† hand ～を手渡す　† pass out 気絶する

hospitalize

hospital は「病院」、そして -ize は名詞や形容詞について「～にする」という意味の動詞をつくる。物語には you broke your leg and were hospitalized「脚を骨折して hospitalized された」とある。脚を骨折して病院ですることと言えばそう、「入院」だ。

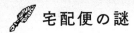

⑩「タケ坊、小包を送ってくれてありがとうよ。

⑪じいちゃんのお願いでやってもらってるけど、毎日送るのはめんどくさいじゃろ？」

⑫孫は少し驚いた様子で尋ねた。「あれ、じいちゃんのお願いだったの？

⑬てっきり、ママのアイデアだと思ってた」

⑭まだ子どもだ。

⑮あっさりと誘導尋問にひっかかって本当のことを言うとは。

⑯「この間、じいちゃん、脚を骨折して入院してたろ？

⑰ずっと寝たきりだと、起き上がれなくなるかもって、ママが言ってた。

⑱荷物が届けば、受け取りに玄関まで歩かないといけないでしょ？

⑲配達番号がたどれて荷物が手渡されたかがわかるから、じいちゃんが意識を失ってたりとか、悪いことが起きていないかもわかるんだって」

⑳まだ子どもだと思っていた孫が、私の考えを見透かしたように言った。「意地を張らないで、僕たちと一緒に暮らそうよ、じいちゃん」

763	**parcel** [pá:ˈsəl]	名 小包, 荷物

764	**snack** [snæk]	名 菓子, 軽食

765	**sender** [séndəˈ]	名 差出人 動 send ～に送る 対 receiver 受取人

766	**grandson** [grǽndsʌn]	名 孫息子 関 granddaughter 孫娘

767	**particular** [pəˈtíkjələˈ]	形 特定の, 特別な

768	**relevance** [réləvəns]	名 関連性 形 relevant 関連がある

769	**gain** [geɪn]	動 ～を手に入れる

770	**inheritance** [ɪnhérɪʔəns]	名 遺産

771	**intention** [ɪnténʃən]	名 意図 動 intend ～を意図する

例 A <u>parcel</u> mailed to a judge's house exploded. The <u>parcel</u> had a card that read, "It's been a while. Do you remember me?"

裁判官の家に届いた小包が爆発した。小包には、「お久しぶりです。僕のこと、覚えていますか？」と書かれたメッセージカードが添えられていた。

例 The bomber watched the news, munching on <u>snacks</u>. "It seems like my plan went well. Next I'll bomb the useless lawyer."

菓子を頬張りながら、爆弾魔はニュースを眺めていた。「計画どおりうまくいったみたいだな。次のターゲットはあの役立たずの弁護士だ」

例 A letter with no <u>sender</u> information was delivered on the anniversary of our son's death. It just read, "Forgive me."

息子の命日に差出人不明の手紙が届いた。そこには、「許してください」とだけ書かれていた。

例 The boy insists that he is a great-great-<u>grandson</u> of mine and that he came from the future.

その少年は私の孫の孫息子にあたる人物で未来からやってきたと言い張っている。

例 Yes, yesterday after school was the last time I saw her. There was nothing <u>particular</u> in the way she was acting.

ええ、彼女を最後に見かけたのは、昨日の放課後です。彼女の様子に特に変わったところはありませんでしたよ。

例 There is a lot of evidence left at the crime scene. A good detective is able to access the <u>relevance</u> of each item.

犯行現場にはさまざまな手掛かりが残されている。名探偵は、それらの物品の関連性を掌握することができる。

例 As the man had <u>gained</u> experience training as a disciple of a famous locksmith, he is now living his life as a burglar.

名高い鍵師の弟子として修行を積み経験を得た男は、今では空き巣として生計を立てている。

例 My teacher's daughter will receive all the <u>inheritance</u>, under the condition that she marries one of my three sons.

遺産はすべて恩師の娘に譲るが、そのための条件として彼女は私の三人の息子のうち誰かと結婚しなければならないものとする。

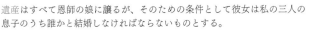

例 When the man was asked why he killed the victim, he said, "I had no <u>intention</u> of killing him. Just because the sun was bright... ."

被害者を殺害した動機を尋ねられた男は、「殺すつもりはなかったんです。ただ、太陽が眩しかったから……」などと供述した。

772	**request** [rɪkwést]	名 依頼, 頼み事 動 ～を頼む
773	**bother** [bάːðərˈ]	動 ～に面倒をかける
774	**hospitalize** [hάːspɪțəlaɪz]	動 ～を入院させる 関 be hospitalized　入院する
775	**track** [trǽk]	動 ～の跡をたどる, 　　～を追跡する 名 跡, 小道
776	**delivery** [dɪlívəri]	名 配達 動 deliver　～を配達する
777	**kid** [kɪd]	名 子ども
778	**mind** [maɪnd]	名 考え 動 ～を気にする 関 Never mind.　気にしないで。
779	**stubborn** [stʌ́bərˈn]	形 意地を張った, 頑固な

例 Even if you make the <u>request</u>, I can't tell you the client's details. We detectives have a duty to protect confidential information.

いくらあなたの頼みでも、依頼人の素性はお答えできません。われわれ探偵には守秘義務というものがありますから。

例 "Sorry to <u>bother</u> you," said the old gentleman, as he handed a suitcase full of bills to the assassin.

「面倒をかけてすまなかったね」老紳士はそう言うと、札束がぎっしりと詰まったスーツケースを殺し屋に手渡した。

例 The terrorist sneaked into the ward where the survivor of the bomb attack was <u>hospitalized</u>, but got arrested.

爆破テロ事件の生存者が入院していた病棟に忍び込んだテロリストが拘束された。

例 After being made to sniff the handkerchief left at the scene, the police dog started to <u>track</u> the scent.

現場に残されたハンカチの匂いを嗅がされたあと、警察犬はその匂いを追跡し始めた。

例 He was disguised as a <u>delivery</u> worker. After killing the victim, he put the body into a cardboard box and carried it out.

奴は配達業者に変装していたんです。被害者を殺害したあと、死体をダンボール箱に入れ、運び出したのです。

例 The <u>kids</u> who said they were detectives each had a badge pinned on their chest, with the deerstalker hat logo on it.

探偵を名乗る子どもたちは皆、鹿撃ち帽のロゴがあしらわれたバッジを胸に着けていた。

例 "I hope this will make you change your <u>mind</u>," said the spy, pointing her gun at the man's girlfriend instead.

「こうすればあなたの考えも変わるかしら？」スパイは、男の頭に突きつけていた銃を代わりに彼の恋人に向けた。

例 The secret agent was young but <u>stubborn</u>, so he continued using his favorite revolver even though it might be jammed.

その諜報機関のエージェントは若いのに頑固で、弾詰まりの危険性があるにもかかわらず愛用のリボルバーを使い続けた。

INDEX

本書の単語帳パートで取り上げた英単語をアルファベット順に並べています。
数字は単語の見出し番号を表しています。

— A —

ability 091
absorb 406
abuse 696
accent 164
accept 363
accident 051
accurately 061
accuse 690
actress 037
actually 120
adapt 656
advanced 245
advantage 216
advice 026
advocate 327
affect 376
affirm 029
affluent 251
afford 365
aftereffect 410
afterlife 531
agency 177
alive 060
along 142
analysis 381
anger 544
angle 720
announce 672
annoy 174

another 054
antidote 129
antique 195
anxious 276
anymore 297
apologetically ...173
apology 666
appear 033
appearance 068
approach 320
armed 588
armpit 229
arrest 463
article 302
artificial 380
asleep 353
assault 299
assign 753
assume 333
astonish 578
astonishment ...632
attack 618
attempt 648
attractive 450
author 647
avalanche 688
avoid 095
awkwardly 546

— B —

background 712

backward 702
bamboo 005
bandage 427
banknote 362
banquet 693
beard 630
beat 451
beauty 501
because 267
beforehand 445
belly 591
beloved 086
beneath 228
bill 360
billow 480
biological 331
bitterly 432
blankly 455
bloody 541
bomb 190
bother 773
brain 711
breakneck 572
brilliant 650
brutally 577
build 465
bullet 396
bumpy 139
bury 004
businessman ...258

busy 121

—— **C** ——

cabinet 204
calm 684
calmly 349
capture 273
carefully 590
carelessly 707
case 002
cause 709
cautious 158
chance 281
change 094
character 659
charismatic 759
chase 570
cheat 733
checkpoint 157
cheek 425
chemical 686
chief 721
childhood 502
chore 112
clause 737
clear 135
clearly 453
clerk 368
climax 660
clothing 165
clue 282
colleague 172
comfortably ...240
commemorate ...303
company 446

competitor 270
complain 500
complaint 118
completion 641
composer 409
conceive 414
concern 239
conclude 378
condition 131
confess 689
confession 460
confine 236
confused 635
conscious 145
consciousness ..479
consider 565
constant 441
constantly 716
contamination ...335
contemporary ...231
contract 736
control 138
conversation ...171
convert 264
counterfeit 370
couple 107
courtyard 748
crash 044
crawl 617
create 476
creature 188
credible 724
crime 542
crisis 310

crowd 279
cubicle 554
culprit 314
currently 323
curse 196
cutting-edge ...234

—— **D** ——

damage 596
dating 343
dead 017
dealer 073
death 093
decade 186
deceive 730
decide 022
declaration 507
deeply 420
definitely 318
delicate 215
delightedly 423
delivery 776
demand 510
demolish 551
depict 020
deprive 419
depth 006
deserted 143
despite 489
destroy 189
detail 290
detailed 371
detect 062
detective 539
detector 235

INDEX

determine 677
develop 212
die 561
difference 518
dig 008
dine 243
direction 400
disappear 447
disappointed ...223
discontinuation ...671
discover 468
disease 308
disorder 413
dispatch 055
display 200
dispute 379
dissatisfied 499
dissolve 685
divide 081
divorce 110
dodge 652
dollar 076
dominate 058
dormitory 603
doubt 352
drag 607

——— E ———

eager 064
earn 088
editor 667
effective 199
embarrassed ...123
embarrassment ...348
embed 350

emerge 178
employee 275
empty 016
enable 382
encounter 575
endangered 246
engine 103
entire 428
environment ..056
equally 708
especially 470
establish 735
estimate 619
eventually 610
ever 307
evidence 467
exactly 536
examine 286
excitement 459
exclaim 664
execute 319
exhausting 407
exist 194
expect 295
experience 469
experimentation ...238
expire 263
expose 179
expression 456
extinction 063
extremely 039
eyesight 090

——— F ———

fact 067

faint 483
fake 080
fate 433
favorable 386
fear 613
fearfully 237
fearlessly 398
figuratively 705
figure 743
fill 359
final 552
finally 277
fire 560
firm 475
fit 390
flee 241
flurry 523
follow 084
foreign 367
foresee 503
forget 529
forgive 041
fortuneteller ...392
frantically 571
freeze 452
frequently 208
frightened 615
frozen 019
fulfill 729
function 345
funding 225
furious 040
future 018

——— G ———

gain 769
gasp 631
gather 280
gaze 012
genie 358
ghost 030
glance 028
goodwill 723
grab 524
gradually 140
grandson 766
grant 620
grateful 421
grievance 116
grin 292
groan 403
ground 009
guess 291
guest 532

——— H ———

haggard 629
hall 534
handcuff 300
handle 230
hang 007
haphazardly 749
hated 069
head 014
headquarters ...722
hear 101
hell 760
hesitate 506
hesitation 347

hidden 227
high-grade 366
high-profile 050
high-quality 478
hiker 727
hire 042
hit 134
holiday 602
horrible 595
hospitalize 774
host 697
howl 402
huge 182
hum 206
hurry 098
husband 111

——— I ———

identical 548
identify 473
identity 678
illness 669
illustration 657
immediately ...611
immense 645
immigration ...059
imminent 097
immortal 495
impersonate ...682
imply 096
importance 734
important 564
impossible 119
incident 464
incompetent ...043

increasingly 383
incredibly 497
indifferently ...336
inference 176
influential 384
information 175
inhabit 071
inheritance 770
injure 313
inmate 747
innocent 655
innovative 256
insect 070
inspection 553
instinctively ...522
intelligence 623
intention 771
interact 715
interfere 374
interpretation ...740
interrogation ...287
interrupt 316
intuition 757
invent 125
inventor 248
investigation ...471
investment 259
invisible 126
invite 533
involve 461
issue 661

——— J ———

jealous 269
jewel 676

INDEX

job 048
journalist 305
junk 250

———— K ————

kid 777
kidnap 339
kidnapping 462
know 066

———— L ————

laboratory 132
land 184
landmark 377
language 412
lately 155
laughingly 317
lead 328
lie 114
lifestyle 252
limited 191
locate 355
lock 555
lonely 680
long-awaited ...662
longevity 304
loud 102
lover 085
lucky 293
lurk 592
luxury 244

———— M ————

magical 127
manipulate 217
mankind 193
manufacture ...369

margin 220
marriage 108
marvelous 658
master 268
masterpiece ...074
material 405
mean 167
measure 442
melody 415
melt 408
memory 516
metal 487
method 739
micro 351
midnight 566
military 321
mind 778
miracle 637
miraculously ..438
miserable 625
missing 579
mistake 053
misunderstanding ...741
moment 035
moreover 713
motive 643
multiply 057
mummy 558
murder 285
murderer 540
mutate 181
mysterious 136

———— N ————

national 640

naturally 434
nearby 025
nearly 045
never 294
nevertheless ...732
newlywed 210
noble 072
nod 436
noise 104
notebook 169
noticeable 205
nowadays 562
nowhere 278

———— O ————

observation ...325
obvious 373
occupation 706
occur 538
odious 311
offer 049
ominous 201
oppose 387
organism 334
original 130
otherwise 354
outline 576
overreact 449
overthrow 758
owner 198

———— P ————

pack 364
painting 079
pale 092
panic 185

parcel 763
particular 767
pass 274
past 517
path 144
patience 265
patrol 330
pause 034
peculiar 614
peek 283
perfect 681
persist 301
person 036
phantom 674
phenomenon ...137
philosophy 675
phony 249
physical 213
physically 389
pill 128
pipe 163
place 356
plaza 594
pleasantly 512
plot 673
point 153
ponder 751
popular 266
positive 226
possible 346
post 718
pour 344
precious 312
predict 393

prediction 651
premise 443
pre-school 569
presence 032
president 038
presume 714
pretend 683
previous 580
pride 047
prideful 621
print 665
probably 568
professional ...218
promote 375
proof 289
property 082
propose 525
provide 474
psychic 024
publicize 472
publish 663
punish 731
puzzled 046

——— Q ———
question 150
quick 156
quietly 078
quit 559

——— R ———
radiation 180
rank 520
rare 329
rather 511
reach 404

real 154
realize 100
reboot 458
reborn 521
recall 309
recognize 687
recovery 634
reflection 429
refurbish 254
refuse 509
regret 704
regretful 222
relationship 624
relevance 768
reliable 338
relief 633
relieved 444
relinquish 089
relocate 550
reluctant 113
rely 755
remain 604
remember 203
remove 593
reply 077
report 001
reproachfully ...021
reputation 477
request 772
rescue 340
residential 567
rest 496
result 219
resume 752

INDEX

return 221
reveal 543
revenge 726
revolt 746
revolution 762
revolutionary ...257
ridicule 260
ridiculous 027
roar 691
rotten 253
rubble 192
rumor 272
rush 099

―――― S ――――

safe 262
satisfying 224
savage 337
scar 750
scared 609
scientist 124
scornfully 622
scream 106
screen 581
secret 306
section 738
securely 605
seek 341
seem 146
seemingly 494
seize 385
selection 754
sender 765
sentence 440
serial 537

serialize 638
serious 115
seriously 315
servant 695
shake 149
shatter 692
shift 549
shock 133
shocked 535
shoot 395
show 209
shower 399
shyly 574
sight 202
sign 587
signal 148
sincerely 703
situation 457
skyscraper 183
slam 699
slash 490
slowly 608
smart 646
smash 700
smile 207
smoke 162
snack 764
snowy 728
social 519
soldier 584
sole 168
solely 756
someone 010
sophisticated ...372

species 247
specified 242
speculate 326
speechless 211
spiritual 031
stab 616
staff 563
stain 466
stale 653
stare 454
state 298
steal 147
stepson 573
stiff 526
stingy 505
straightforwardly ...075
strand 197
strange 612
strangle 528
strength 597
stroll 417
struggle 388
stubborn 779
stumble 701
stunned 484
submit 122
subside 141
succeed 583
success 271
sudden 668
suddenly 152
suffer 411
suggest 530
suitcase 357

sum 087
superpower ...322
support 418
suppose 545
suppress 745
surgery 627
surpass 214
surrender 598
surround 589
survive 439
survivor 233
suspect 284
suspend 670
suspiciously ...585
swing 486
switch 582

——— T ———

talent 654
target 679
teardrop 424
tearfully 391
technique 394
technology 232
terrible 599
terrified 448
terror 694
thief 698
thin 514
tie 397
tint 742
title 422
tool 556
torment 649
totally 547

trace 332
track 775
traffic 710
traitor 065
transcribe 416
transform 498
transmit 600
trembling 527
trial 761
trick 642
trouble 161
truck 105
truth 288
turn 013

——— U ———

uncomfortable ...491
underestimate ...725
undergo 324
understand 117
uneasy 492
unexpectedly ...504
unfamiliar 430
unfortunate ...636
unique 628
unless 003
unlucky 159
unmistakably ...493
unpleasant 011
unwrap 426
update 717
upload 719
upward 015
utter 744

——— V ———

valuable 170
vanish 513
vase 261
veil 644
vicious 485
vigorously 437
virus 601
visit 160
vivid 515
volley 401

——— W ———

wallet 361
wasteland 482
weakly 151
weapon 187
wear 166
weekly 639
weep 431
weight 626
weird 606
well-known 023
whenever 342
widow 508
wife 109
will 083
wipe 435
without 052
witness 296
wonder 255
wooden 586
wound 488
wrecked 481
wrench 557

著者紹介

桃戸ハル（原案）

東京都出身。『5分後に意外な結末』『5秒後に意外な結末』『5分後に恋の結末』（学研プラス）『5分後に意外な結末　ベスト・セレクション』（講談社文庫）などの「5分後に意外な結末」シリーズの編著や、『ざんねんな偉人伝 それでも愛すべき人々』『ざんねんな歴史人物 それでも名を残す人々』などの編集などを手がける。三度の飯より二度寝が好き。

メディアビーコン（英文）

語学教材に特化した教材制作会社。TOEIC、英検をはじめとする英語の資格試験から、中学英語、高校英語、英会話、ビジネス英語まで、英語教材全般の制作を幅広く行う。教材制作と同時にTOEICのコーチング、指導を行っている。著書に『TOEIC L&R TEST　990点獲得　最強Part 7模試』（ベレ出版）『寝る前5分暗記ブック英会話フレーズ集〈基礎編〉』『寝る前5分暗記ブック英会話フレーズ集〈海外旅行編〉』『寝る前5分暗記ブックTOEICテスト 単語＆フレーズ』『寝る前5分暗記ブックTOEICテスト英文法』（学研プラス）などがある。

ミステリ仕掛けの英単語

Production Staff

イラスト	usi（物語パート）
	坂従智彦（アイコン／単語帳パート）
	杉﨑貴史（特集）
ブックデザイン	コバヤシタケシ
編集協力	佐々木絵理，木村叡（学研）
録音協力	爽美録音 株式会社
音声ナレーション	Dominic Allen，Carolyn Miller，水原英里
DTP	株式会社 四国写研
印刷所	株式会社 リーブルテック

☞ 読者アンケートご協力のお願い
※アンケートは予告なく終了する場合がございます。

この度は弊社商品をお買い上げいただき、誠にありがとうございます。本書に関するアンケートにご協力ください。右のQRコードから、アンケートフォームにアクセスすることができます。ご協力いただいた方のなかから抽選でギフト券（500円分）をプレゼントさせていただきます。

アンケート番号：305190

❷